恢复性司法译丛（1）

主编　王平　李志刚

视角之变：一种犯罪与司法的新焦点

Changing Lenses: A New Focus for Crime and Justice

［美］霍华德·泽尔　著

（Howard Zehr）

狄小华　张　薇　译

温景雄　校

中国人民公安大学出版社

·北　京·

恢复性司法译丛

编 委 会

综合秘书

郝方昉　法学博士，国家法官学院教师，中国政法大学恢复性司法研究中心研究员

安文霞　中国政法大学刑事司法学院博士研究生

顾　问

储槐植　北京大学法学院教授、博士生导师，中国法学会刑法学研究会顾问，中国犯罪学研究会高级学术顾问

［美］丹尼尔·W. 范内斯（Daniel W. Van Ness）国际监狱团契副总裁，国际监狱团契司法与和解研究中心主任

［德］汉斯－约格·阿尔布莱希特（Hans－Jorg Albrecht）德国马普外国刑法与国际刑法研究所所长，德国弗莱堡大学法学院教授

总 序

一

近二三十年来，西方国家兴起了一场新的刑事司法改革运动，这一运动目前方兴未艾，深刻地影响着西方国家的刑事司法走向和犯罪预防模式。这场运动就是恢复性司法运动（Restorative Justice），日本称为修复性司法，我国香港特别行政区翻译成“复合公义”，我国台湾地区翻译成“修复式止义”。“恢复性司法”是联合国的标准翻译。至于翻译成“恢复性司法”是否最合适，则未必。因为所谓的“恢复性司法”（Restorative Justice）有些是在司法程序内的，有些则属于司法程序之外的现象。正因为“Restorative Justice”不完全是“司法”，而英文的“Justice”还有“公平”、“正义”的意思，所以我国香港特别行政区翻译成“复合公义”，我国台湾地区翻译成“修复式正义”，也不是不可以。“恢复性司法”还有其他不同称谓：有的称为“关系司法”（Relational Justice），有的称为“积极司法”（Positive Justice），还有的称为“融合性司法”（Reintegrative Justice），与恢复性司法可以看做是同义词。“恢复性司法”这一术语未见得比其他类似的术语表达得更好，但它使用的时间最长，是国际上普遍接受的术语。[①] 我国山东省烟台市把恢复性司法称为“平和司法”，用词很精彩，很有特色。

在过去的30多年里，恢复性司法运动在世界上许多国家已经具有很大的影响力，即使是美国这样一个倾向于使用严厉刑罚措施的国家，也同样受到影响。1999年，联合国通过了一项决议，鼓励成员国在适合的案件中使用恢复性司法。2000年在维也纳召开的第十届联合国犯罪预防与罪犯待遇大会通过了一项宣言，要求各成员国扩大恢复性司法的适用。2002年，联合国经社理事会通过的《关于在刑事事项中采用恢复性司法方案的基本原则》，是迄今为止对于恢复性司法作出系统规定的第一个国际性文件，系统阐述了联合国经社理事会在恢复性司法问题上的基本立场和基本原则。该《基本原则》还对恢复性司法相关术语、恢复性司法的方案及其运作作了原则性规定。

现在国外特别是西方发达国家，许多大学法学院、刑事司法学院或犯罪学系都开设有恢复性司法课程，硕士生、博士生选择“恢复性司法”作为硕士学位或博士学位论文的很多。有些研究生招生是专门针对恢复性司法的。可以说，“恢复性司法”作为一门课程或作为一个研究领域在许多大学被看做是时髦的，但同时也可能有些偏锋的研究领域。

什么是恢复性司法？英国犯罪学家托尼·马歇尔（Tony Marshall）提出了一个为国际社会较为广泛使用的恢复性司法

---

① Tony F. Marshall, “Restorative Justice: An Overview”, the Home Office, Information &Publications Group, *Research Development and Statistics Directorate*, 1999, London.

定义：

“恢复性司法是一种过程，在这一过程中，所有与特定犯罪有关的当事人走到一起，共同商讨如何处理犯罪所造成的后果及其对未来的影响。”①

但谁是与犯罪有关的当事人？他们怎样才能达成共同认可的协议？处理犯罪所造成的后果是什么意思？应当考虑什么样的未来影响？为此，加拿大学者苏珊·夏普（Susan Sharpe）提出了恢复性司法的五个要素，以图使上述定义得以完善：

1. 恢复性司法鼓励充分的参与和协商。这主要是指被害人与犯罪人的参与，同时那些利益受到犯罪影响的人也可以参与，如受到犯罪非直接侵害的街坊邻里、左邻右舍等。参与是为了协商而不是为了对抗。恢复性司法特别强调被害人的参与和协商，认为只靠国家公权力的介入与犯罪人进行周旋，忽视了被害人的参与并与之进行协商，犯罪所造成的后果是不可能真正得到圆满解决的。

2. 恢复性司法寻求愈合因犯罪而造成的创伤。在所有的恢复性司法过程中，需要关注的一个核心问题是：“怎样使被害人在被害后创伤得到愈合，或者重新得到一种安全感？”一方面，被害人可能需要向犯罪人表达愤怒的情绪，可能需要经济赔偿；而另一方面，犯罪人也需要从罪过和恐惧中解脱出来，需要对导致犯罪的冲突予以解决。

这一点与通常的理解不同。我们一般只是说被害人在犯罪发

① Daniel Van Ness, Allison Morris and Gabrielle Maxwell, "Introducing Restorative Justice", in Allison Morris and Gabrielle Maxwell (eds.), *Restorative Justice for Juveniles——Conferencing, Mediation and Circles* (Hart Publishing), Oxford and Portland, Oregon, USA, 2001.

生以后造成了伤害，但恢复性司法认为犯罪人在犯罪以后也受到了伤害，如面临刑事制裁、处于恐惧之中、被社区抛弃等。因此，恢复性司法寻求愈合因犯罪而造成的创伤，包括对被害人和犯罪人两个方面所造成创伤的愈合，不仅仅是愈合被害人因犯罪所造成的创伤，而对犯罪人进行简单的惩罚了事。

3. 恢复性司法寻求充分和直接的责任。在恢复性司法中，责任不是简单地指犯罪人必须面对其违法犯罪的事实承担抽象的刑事责任；他们还必须直接面对他们伤害的人（即被害人），看看他们的犯罪行为是如何伤害别人的，要他们对其犯罪行为进行解释，寻求与被害人和社区的沟通，并要求他们能够采取尽可能的措施弥补这种损害。这就是所谓寻求充分和直接的责任。

4. 恢复性司法寻求整合已经造成的分裂。犯罪在人群中和社区内造成了分裂，这是犯罪所造成的最深刻的伤害之一。恢复性司法追求被害人与犯罪人的和解，以及被害人与犯罪人双方共同地融入社区。

“追求被害人与犯罪人的和解”，这句话还容易理解。但为什么说要让“被害人与犯罪人双方共同地融入社区”呢？难道被害人还不能融入社区吗？恢复性司法恰恰认为，犯罪发生以后，不仅犯罪人与社区造成了隔阂与分裂，而且被害人与社区也在一定程度上造成了隔阂与分裂。这一解释有些出人意料，但仔细一想，的确如是。例如，性犯罪的被害人，家庭暴力的被害人，伤害犯罪的被害人等，犯罪发生以后，他们在社区常常会受到孤立，人们会有意无意地疏远他们，很难亲近他们，甚至对他们进行指责。这些被害人有的可能有些过错，有的可能本身并没有过错。因此，对许多被害人来说，也有个在犯罪发生以后如何被社区接纳、重新融入社区的问题。这一点常常为我们所忽视。

恢复性司法的理念坚持，“被害人”与“犯罪人”的角色应当是暂时的，而不是永远的。双方都应当从过去解脱出来，面向未来，不应当再生活在犯罪的阴影之中。

5. 恢复性司法寻求强化社区建设以预防进一步的伤害。恢复性司法认为，许多犯罪的发生常常是“犯罪人”与“被害人”学习、生活、工作的社区存在弊端，这些弊端导致“犯罪人”与“被害人”产生矛盾，这些矛盾最终导致犯罪行为的发生。因此，强调社区对于预防和控制犯罪的作用。需要注意的是，恢复性司法很少用“社会”（society）这个词来解释犯罪原因，他们认为这个词过于宏大、抽象、空洞，不好把握；而喜欢用“社区”（community）这个词来解释犯罪发生的原因，因为“社区”很具体、很实在，看得见、摸得着，很好把握。恢复性司法特别强调具体的社区建设在预防和控制犯罪方面的作用。①

基于上述对恢复性司法的定义和要素的理解，可以看出，恢复性司法的主要目标是：

1. 全面关注被害人的需要——物质的需要、情感的需要、社会认可的需要等。同时也包括那些与被害人有密切关系、可能因犯罪而受到类似影响的人的需要，这些人可以被称为广义的被害人。恢复性司法对这些所谓“广义的被害人”也是很关注的，没有对广义被害人的关注，犯罪问题也不能得到很好的解决。

2. 使犯罪人重新融入社区以预防其再犯。不论犯罪人是否被判刑（极少数被判处死刑或终身监禁者除外），最终都是要回到社区的。而只有其被社区所接纳，真正地融入社区，才能预防

---

① Daniel Van Ness, Allison Morris and Gabrielle Maxwell, “Introducing Restorative Justice”, in Allison Morris and Gabrielle Maxwell (eds.), *Restorative Justice for Juveniles——Conferencing, Mediation and Circles* (Hart Publishing), Oxford and Portland, Oregon, USA, 2001.

和控制其进一步实施犯罪行为。

3. 使犯罪人有机会对其犯罪行为承担积极的责任。例如，积极地进行经济赔偿，真诚地忏悔、道歉等，而不仅仅是消极地承担责任，如被判刑入狱服刑。

4. 创造一种有助于犯罪人复归和帮助被害人并有利于预防犯罪的有成效的社区。强调社区建设对于预防和控制犯罪的重要性。

5. 为避免现行司法制度的升级以及相对高昂的代价与迟缓的行动提供新的替代措施。① 这里提到了现代刑事司法制度的弊端，如不断地升级、高昂的代价、迟缓的行动。恢复性司法的目标之一就是要努力克服这些弊端。

恢复性司法作为一项新的刑事司法改革运动，发端于20世纪六七十年代的北美，最早的努力可以溯源于20世纪60年代少年司法系统内被害人和犯罪人调解程序。到20世纪90年代，恢复性司法已在西欧国家、北美以及其他数十个国家和地区得到不同程度的发展和应用。据估计，截至20世纪90年代末，欧洲共出现了500多个恢复性司法计划，北美的恢复性司法计划也达300多个，世界范围内的恢复性司法计划则达1000多个。美国至少有14个州的少年法典规定了恢复性司法，并且建立了大量的恢复性司法组织与机构。②

恢复性司法已经成为世界刑事司法改革的一股强大推动力。

---

① Tony F. Marshall, "Restorative Justice: An Overview", the Home Office, Information &Publications Group, *Research Development and Statistics Directorate*, 1999, London.

② 参见刘仁文：《恢复性司法：来自异国的刑事司法新动向》，载《人民检察》2004年第2期。

目前有80多个国家采用了某种形式的恢复性司法实践来解决犯罪问题，而确切数字可能要接近100。① 恢复性司法已经成为刑事司法体系中的一个全球现象。②

恢复性司法理论与传统刑事司法理论的差异主要表现在以下几个方面：③

1. 犯罪本质观不同。传统刑事司法理论认为，犯罪的本质是对国家利益的侵害，是“孤立的个人反对统治关系的斗争”。因此，对犯罪的处理被认为是国家和政府的事情，被害人几乎被排除在刑事诉讼程序之外。恢复性司法则认为，在许多情况下，犯罪首先是个人对社区中具体个人的侵害，犯罪发生后受到损害的不仅仅是国家利益，而且包括被害人和社区的利益，甚至首先是被害人和社区的利益。刑事司法的任务不是要惩罚犯罪人，而是要全面恢复犯罪人对被害人和社区造成的损失。恢复性司法反对政府在对犯罪行为反应方面的独占权力，倡导被害人和社区对诉讼程序的参与。

2. 犯罪原因观不同。在客观上，恢复性司法强调具体不良的社区环境对犯罪行为发生的外在客观影响，而较少去谈论宏观的社会环境对犯罪行为发生的影响。在主观上，恢复性司法重视犯罪人具体的个人因素，如情绪控制能力和人际交往能力对犯罪

① 参见［美］丹尼尔·W. 范内斯：《世界恢复性司法概论》（中文版），章祺译，载《恢复性司法论坛》（2006年卷），群众出版社2006年版。

② 中国目前刑事司法系统试行的刑事和解也可以看做是恢复性司法在中国的实践，国外的恢复性司法研究者们对中国的以刑事和解为标志的恢复性司法实践高度关注。

③ 参见宋燕敏：《恢复性司法实践与理念及其对我国刑事诉讼制度的借鉴》，载《恢复性司法论坛》（2006年卷），群众出版社2006年版。

发生的影响，而较少抽象地去谈论世界观、人生观、价值观对犯罪行为发生的影响。基于此，恢复性司法主张建立专门机构，用以提高犯罪人的情绪控制能力和人际交往能力，帮助他们形成积极健康的生活态度。

3．刑事责任观不同。恢复性司法寻求如何让犯罪人承担具体而直接的责任。在恢复性司法看来，现行刑事责任是一种抽象责任，犯罪人通过接受刑罚惩罚承担了抽象责任却逃避了现实的具体的责任。这里所谓“现实的具体的责任”，是指犯罪人直接面对被害人了解自己犯罪行为造成的后果，向被害人道歉并提供赔偿，恳求社区成员原谅并提供社区服务等。抽象的责任（即仅仅接受刑罚处罚）不仅对初犯、偶犯、过失犯、非暴力犯等很多犯罪人来说是不必要的痛苦，而且对被害人和社区成员而言也没有实际意义，因为被害人与社区并没有能够从犯罪人的责任中获得实际利益。因为没有获得实际利益，他们也就很难真正原谅犯罪人并接受他回归到社区中来。

4．刑罚目的观不同。恢复性司法主张对犯罪的正确反应不是惩罚，而是弥补犯罪造成的损害，并恢复因犯罪而遭到破坏的社会关系。恢复性司法关注大量轻微刑事案件乃至尚未构成犯罪的一般性邻里纠纷，并尽可能在犯罪的早期阶段介入，通过化解不良的人际关系、减少社区矛盾来预防犯罪。就刑罚对犯罪人的影响而言，恢复性司法认为，以监禁刑为主的传统的刑罚惩罚是一种排斥性羞辱，让犯罪人余生很难摆脱“犯罪烙印”的影响，难以再融入社区。恢复性司法则在谴责犯罪的同时保持对犯罪人的尊重，包含着“只要你改正错误就会被社区接纳”的信息，是一种“重新融合性羞辱”，而不是“排斥性羞辱”，因而可以使犯罪人顺利融入社区，以预防其再犯。[1]

对一般的人身伤害案件，把犯罪人送进监狱，让其接受刑罚惩罚，好像问题就解决了。但被害人实际受到的创伤并没有得到有效的愈合，包括经济的赔偿、心理的安慰，可能都没有得到很好的解决。被害人的创伤没有真正地愈合，他就很难与犯罪人真正和好。

再如，对未成年人之间自愿发生性关系之类性犯罪案件，简单地根据法律条文把男孩儿送进监狱，除了对男女双方及其家庭造成极大伤害以外，很难说得到了什么。男孩儿的一生毁了，女孩儿的一生也可能毁了，两个家庭也可能毁了。通过刑事诉讼活动得到了什么，划得来吗？现在不是对刑罚问题也要进行经济学分析吗，是赚了还是亏了？你说这是实现了“正义”，但这种“正义”是有害的，或者是副作用很大的。就像“迟到的正义”是“非正义”一样，“有害的正义”也应当是“非正义”。这样的事情如果你问乡下的父母、爷爷奶奶，他们可能会说和解了比较妥当，而且最好不要张扬。一些基层的经验丰富的老民警，可能也会这么做，虽然有时觉得摆不上桌面，但是觉得应该这么做。他们心地善良、生活经验丰富、善解人意，虽然说不出许多大道理，但凭着直觉他们觉得应当这么做，天地良心，问心无愧。恢复性司法对于这些来自民间的处理犯罪问题的方式方法极其重视，高度认可，并给予理论上的支持。恢复性司法代表一种传统的、根深蒂固的，但被现代西方文化遮蔽了的司法理念的复归。它在当代的再度出现，及其所显示的广泛而深刻的影响，给

---

① 参见宋燕敏：《恢复性司法实践与理念及其对我国刑事诉讼制度的借鉴》，载《恢复性司法论坛》（2006 年卷），群众出版社 2006 年版。

司法特别是刑事司法的改革和发展带来了希望。[①] 2000 年 2 月 16 日，最高人民法院《关于审理强奸案件有关问题的解释》规定，对于已满 14 周岁不满 16 周岁的人，与幼女发生性关系构成犯罪的，依照刑法第 17 条、第 236 条第 2 款的规定，以强奸罪定罪处罚；对于与幼女发生性关系，情节轻微、尚未造成严重后果的，不认为是犯罪。本司法解释对未成年人违法犯罪的处罚体现了从宽的一面，是合理的。对其中构成犯罪的，如果情节不是很恶劣，后果不是很严重，就有适用刑事和解的空间。

二

现代西方刑事司法制度是西方资产阶级革命的产物。在革命过程中，资产阶级高举民主、自由、平等、人道、人权的旗帜，对封建社会野蛮、残酷、黑暗、专制的刑事司法制度进行无情的揭露和批判，坚决反对封建社会刑事司法领域的刑讯逼供、罪刑擅断、任意出入人罪的恶劣行径。资产阶级革命胜利后，基于对国家公权力肆意践踏民权的恐惧和警惕，人权在一些西方国家被提到至高无上的地位。在某种意义上，人权成为资产阶级革命后特别是在第二次世界大战后，西方国家官方话语中最大的政治和最高的意识形态（至于他们实际做得如何则另当别论），这就是所谓的“人权至上”，并且在各国的宪法和法律规定当中得到充分的体现。“人权至上”在刑事政策上的表现就是，在刑事立法

---

① Daniel Van Ness, Allison Morris and Gabrielle Maxwell, “Introducing Restorative Justice”, in Allison Morris and Gabrielle Maxwell (eds.), *Restorative Justice for Juveniles——Conferencing, Mediation and Circles* (Hart Publishing), Oxford and Portland, Oregon, USA, 2001.

和刑事司法领域，在打击犯罪与保障人权关系的处理当中，在价值选择上以保障人权优先。现代刑事司法制度中一系列的原则、规则和制度都是“人权至上”、“保障人权优先”在刑事立法和刑事司法领域的体现，如罪刑法定原则、罪刑相适应原则、刑法人道主义原则，正当程序、沉默权、无罪推定、疑罪从无、非法证据排除、禁止双重危险等。上述这一系列的原则、规则、制度都是围绕保障犯罪嫌疑人、被告人、罪犯的人权展开的。因此，在某种意义上可以说，现代刑事司法制度是“被告人中心主义”。不了解西方国家这种“保障人权优先”的刑事政策导向及其产生的背景，对这些原则、规则、制度的法律条文就是背得再熟，也未必能够真正地理解其精髓。你似乎懂了，但实际上没有真正地理解。你可以讲得头头是道，但很难挠到痒处，遇到疑难问题仍然会不知所措，因为你没有一个明确的刑事政策立场。

这些原则、规则和制度是“人权至上”观念指导下刑事政策选择的结果，它让人们感动，但很难做到左右逢源、两全其美。例如，佘祥林案，由于事实不清、证据不足，法院如果认定佘祥林有罪可能冤枉了佘祥林，如果认定佘祥林无罪则可能放走了真正的犯罪分子，处于两难境地。根据“保障人权优先”的刑事政策，根据法律规定，应当是疑罪从无，宣告无罪，放了佘祥林，即使有可能放走真正的犯罪人也只能如此。因为根据“保障人权优先”的刑事政策价值取向，冤枉一个无辜的人要比放走一个真正的犯罪人的社会危害性大得多。

这是一种无奈的选择，但却是最明智的选择，在某种意义上是一种“必要的丧失”。这些原则、规则和制度以前我们不理解时，鄙视它、批判它，以为这是在替“坏人”说话；现在理解了它是关乎我们每一个人的安全与尊严，我们怦然心动、热血沸腾。它是“以人为本、尊重与保障人权”的法治观念在刑事司法领域的体现，我们没有理由拒绝它，而是要好好地学习它、运用它。

但是这些所谓文明而又人道的现代刑事司法制度，本来就不是完美无缺、天衣无缝的，它是要付出代价的。时间长了，它的缺陷就逐步暴露出来了。因此，要将这种“必要的丧失”控制在一定的范围内，否则丧失过多，国家和民众都将难以承受。而恢复性司法恰恰认为，现代西方国家刑事司法制度已经为此付出了沉重的代价，已经到达了难以承受的地步。恢复性司法支持者将现代西方国家刑事司法制度的弊端概括为以下几个方面：

1. 行动迟缓。现代刑事司法制度出于保障人权的需要，即保障刑事司法领域犯罪嫌疑人、被告人和罪犯权利的需要，强调各种正当程序，非经正当程序不得判处任何人有罪并处以刑罚。但这种让人们津津乐道的正当程序使司法机关处理一起案件走完全部程序，常常要花费很长的时间。这种迟缓的行动使得许多案件得不到及时的处理，积案太多成为司法机关沉重的包袱。

2. 代价昂贵。为了对犯罪进行有效的处理，政府需要投入大量的司法成本，包括警察、检察、辩护律师、法院、看守所、监狱的相关费用。随着正当程序的确立，诉讼程序日趋烦琐，证明规则也日益紧密，处理案件不仅旷日持久，而且耗资巨大。监狱人满为患，监狱管理费用昂贵，已经成为当今世界许多国家的难以克服的难题。从 1995 年起，美国各州用于监狱的费用就已经超过对大学的投入。2000 年，美国用于监狱和看守所的费用已经超过 400 亿美元，平均每个在押犯所花费用超过 2 万美元。①

① 参见张庆方：《恢复性司法研究》，载《恢复性司法论坛》（2005 年卷），群众出版社 2005 年版。

3. 效能低下。在教育刑理论诞生以后，刑事司法特别是刑罚执行追求对罪犯的教育矫正，希望罪犯刑满释放后能够顺利地回归社会，但这在很大程度上有一相情愿的成分。大多数西方国家多年来教育矫正罪犯的效果一直很不理想，出狱人重新犯罪率居高不下，且在许多国家长期以来呈上升趋势。2003 年，美国监狱在押犯人数是 210 万，这意味着每 10 万人中就有 730 个囚犯，监禁率超过 0.7%。[①] 实践证明，监禁对于预防和控制犯罪收效甚微。据统计，美国有一半以上的犯罪人在 3 年内因重新犯罪又被判刑入狱，犯人的重新犯罪率极高，[②] 尽管有如此高的监禁率，美国仍然是西方发达国家中社会治安状况最差的国家之一。

因此，监狱到底能否教育矫正罪犯，在多大程度上可以教育矫正罪犯，都成为一个在理论与实践上均颇具争议的话题。许多恢复性司法的支持者均对监狱教育矫正犯人的效果持怀疑乃至否定态度。

4. 被害人的利益被忽视。前文已有论述，此处不再重复。

从上述西方刑事司法制度面临的困境可以看出，恢复性司法在西方国家的兴起不是偶然的，它是西方国家对西方现代刑事司法困境和危机乃至社会危机的反映和改革。一些西方人曾自信地认为，只要完成了物质的现代化、制度的法治化，就是既有物质文明，又有精神文明，再加上制度文明，他们就可以过上幸福的生活，但现实粉碎了他们的梦想。他们发现在现代化完成后，他

---

① 参见陈晓明：《修复性司法的理论与实践》，法律出版社 2006 年版，第 3 页。

② 参见国务院新闻办公室：《2008 年美国的人权纪录》白皮书，2009 年 2 月 26 日新华社发表。

们并没有过上他们想象的那种幸福生活，而是仍然面临许多的困难和挫折，更不要说目前的恐怖主义了。他们在得到许多的同时，也失去了许多。他们发现原先设计的制度实际上有许多弊端，他们当中的一些人不再像以前那样自信。因此，一些西方国家的有识之士在现代化完成以后开始对现代化进行反思，在法治化完成以后对法治化进行反思，以寻求新的出路。恢复性司法正是西方这种后现代主义思潮在刑事司法领域的反映。它对我们现在津津乐道的所谓文明而人道的现代刑事司法制度提出怀疑、批评甚至是否定。

恢复性司法的支持者们尖锐地指出，现代刑事司法制度主要还是报应刑传统，只是一味地惩罚和打击犯罪人，没有关注被害人和社区的利益。除了惩罚犯罪人之外，其他所得甚少，并且所谓以被告人为中心的“人权保障”，也有许多假象，其实际作用也相当有限。如果说这也是一种公平、正义的话，那也是一种有害的公平、正义。因为通过刑事司法活动，犯罪人、被害人和社区都受到了损失。“有害的正义”是恢复性司法对现代刑事司法制度的简明概括。有人探讨“正义”的真正含义，认为“有害的正义”不是真正的正义。古希腊、古罗马时代的思想家们所说的正义是指“无害的正义”。如果按照这个标准，现在流行的所谓正义的概念内涵毒素太多、副作用太大，那就不是正义，而是“非正义”。

因此，恢复性司法试图对现代刑事司法理论和制度进行全面更新和改造，其任务不是要惩罚犯罪人，而是要全面恢复犯罪人、被害人和社区因犯罪而造成的损失，以试图达到一种“无害的正义”。“无害的正义”是恢复性司法追求的核心价值。

恢复性司法对西方的主流文化提出挑战，对各种本土文化持一种宽容乃至欣赏的态度，主张文化多元，反对西方文化霸权，特别认可非主流文化在预防和控制犯罪方面的独特作用。目前，恢复性司法的许多做法就是西方非主流文化的产物。例如，在西方已经成为恢复性司法象征的三种模式，即被害人与犯罪人调解模式（Victim - Offender Mediation）、小组会议模式（Conferencing）以及圆桌会议模式（Circles）。小组会议模式起源于新西兰，部分地反映了新西兰土著居民毛利人（Maori）传统的处理争端的方式；圆桌会议模式源自加拿大印第安人的实践，其中至今仍然保留着一些原始的处理犯罪问题的形式；被害人与犯罪人调解模式则是更广泛、更传统的处理争端的方式，世界上大多数民族都或多或少地具有这种处理犯罪问题的传统。

目前，西方恢复性司法的许多理念与中华传统文化有契合之处。和谐是中国传统文化的重要命题与核心精神，儒、墨、道等主要思想学派对和谐思想都有深刻的阐发。儒家提倡“中和”，强调“礼之用，和为贵”，注重人与人之间的和睦相处，人与社会的和谐发展。道家追求人与自然的和谐统一，提倡遵道以行，率理而动，因势利导，合乎自然，虚静处下，海涵宽容，从而建立起自然和谐的治国秩序。墨家倡导“兼相爱，交相利”，主张实现个体与社会的有序一体，道德与功利的和谐一致。[①] 这表明，和谐是中国传统文化的本质属性，而这恰恰与恢复性司法之“关系恢复理念”相契合。从更深的层次考察，中国传统“和谐”的文化具有包容性、差异性、互补性、平衡性这几个鲜明的特征，这为恢复性司法的发展和运用提供了广阔的空间。[②]

---

① 参见黄朴民：《传统文化的和谐本质及其价值》，载《光明日报》2006年7月26日。

② 参见黄朴民：《传统文化的和谐本质及其价值》，载《光明日报》2006年7月26日。

恢复性司法提醒我们，西方文化和现有的制度（包括刑事司法制度）并非完美无缺，我们应当学习西方成功的经验，但不应当盲目照搬照抄。恢复性司法提醒我们应当自信，中华民族的优良传统不应当丢弃，适合中国本土的具有中国特色的预防和控制犯罪的措施应当继续坚持，并不断予以完善。

恢复性司法未必是无懈可击的，更不是万能的，但却是智慧的，它击中了现代刑事司法制度的要害，它向社会提出了如何对犯罪作出反应的新问题并寻求回答，是一种崭新的范式或者说是一种崭新的思维模式，是对古典主义刑事法学理论和实证主义刑事法学理论的双重超越，可谓之“第三只眼睛”看司法。① 北京大学法学院陈兴良教授在其著作《刑法的启蒙》一书的代跋中写道：“自从刑事古典学派、刑事人类学派与刑事社会学派的深刻的片面以后，在刑法领域中不再有片面，因而也就没有了深刻。我们看到的现代刑法学派，无非是新古典学派、新人类学派、新社会防卫论。这里虽然标榜‘新’，实则是一种‘旧’：因为已经不能再突破古典学派、人类学派、社会学派的樊篱……因此，现代刑法理论，无不以一种折中与调和的形式出现：吸取古典学派和实证学派之所长，形成所谓综合理论。”② 对此，陈兴良教授感叹道：“我们只能做到这一些，我们不能不承认平庸；但我们又不甘于平庸，因此我们追求片面，当然是一种深刻的片面。”③ 实际上，陈兴良教授缅怀的不是片面，而是深刻，即便是有些片面也在所不惜。恢复性司法或许就是陈兴良教授苦

① 注意，这里指的是对刑事法学两大学派的超越，而不是折中，因而恢复性司法不同于现在流行的所谓折中主义刑事法理论。

② 陈兴良著：《刑法的启蒙》，法律出版社 1998 年版，第 260 页。

③ 陈兴良著：《刑法的启蒙》，法律出版社 1998 年版，第 260 页。

苦追寻的那种深刻。

三

我第一次听到“恢复性司法”这个中文名词是在2000年元旦前后中国青少年犯罪研究会组织召开的一次“犯罪学家新春茶话会”上。我的博士生导师、北京大学法学院教授储槐植先生在发言中指出，西方国家的刑事法理论与刑事司法实践，从18世纪的报应刑发展到19世纪末的教育刑，现在正向“恢复性司法”方向发展。由于发言时间的限制，先生并没有对“恢复性司法”作进一步的解释。因为我没有听说过这个概念，所以印象很深。

2000年9月，我作为“中加学者交流项目”（国家官方项目）的学者赴“加拿大刑法改革与刑事政策国际中心”作为期一年的访问研究。在温哥华的不列颠哥伦比亚大学（University of British Columbia）法学院和西蒙菲莎大学（Simon Fraser University）犯罪学系，我看到了资料极为丰富的英文恢复性司法文献资料（也知道了它的英文名字叫“Restorative Justice”），当时觉得很惊讶。这个在西方国家的法学界和法律界可能已经是“家喻户晓”的东西，在中国的刑事法学界除个别人之外，几乎无人问津，深感异域文化之遥远，以及中西文化交流之必要性与紧迫性。我原本的项目计划书选定的题目是《加拿大的社区矫正》，当时的判断是，中国推行社区矫正是迟早的事，所以想利用这一宝贵的机会，对西方国家特别是加拿大的社区矫正作一系统的梳理，这对我国的刑事法学理论研究和刑事司法改革会很有用。但是当我看到恢复性司法的资料后，一下子就被吸引住了，其颠覆性、深刻性和系统性使我受到极大的震撼，由此利用了大量的时间研读。

2002年12月至2003年6月，我又获得宝贵的机会在德国马普外国刑法与国际刑法研究所进行为期半年的访问研究。该所世界一流的信息资料使我能够以最快的速度全面了解国际上恢复性司法理论与实践的最新进展。

2004年6月，为了系统地开展恢复性司法宣传和理论研究，为中国正在进行的刑事司法改革服务，根据我的申请，中国政法大学恢复性司法研究中心成立。2004年11月，为争取更多的社会资源以便更好地开展理论研究，中国政法大学与香港监狱团契有限公司签署协议，共同建设中国政法大学恢复性司法研究中心，双方同意在宪法、法律、法规和政策允许的范围内联合开展恢复性司法与中国刑事司法改革研究。

恢复性司法研究中心的宗旨是：在中国全面系统地介绍恢复性司法的理论与实践；以恢复性司法的视角，对中国现行的犯罪预防与控制模式，对中国现行的刑事司法制度，以及正在进行的刑事司法改革，进行全面的研究与探讨，并提出一系列的合理化改革建议。其最终结果将促进中国刑事司法领域民主、法治与人权的发展，促进中国刑事司法的科学化与现代化，为预防、控制和减少犯罪，为中国和谐社会的建设作出贡献。

恢复性司法研究中心的学术活动主要包括以下四项内容：

1. 定期出版恢复性司法论坛，主要刊登中文恢复性司法研究成果，刊载联合国及其他国家和地区有关恢复性司法的规范性文件，以及精彩的国外恢复性司法研究译文。

2. 翻译出版恢复性司法译丛，较为系统地翻译介绍国外恢复性司法的学术研究著作。

恢复性司法论坛和恢复性司法译丛相互配合，试图将中文世界和外文世界（目前“外文”还仅限于英文）有分量的恢复性司法研究成果尽数收集、翻译、出版、发表，使中国政法大学恢复性司法研究中心成为国内外恢复性司法研究成果理想的集散地。

3. 定期召开恢复性司法与刑事司法改革学术研讨会。

4. 建立恢复性司法研究基地。中国政法大学恢复性司法研究中心将在司法机关建立若干个恢复性司法研究基地，将理论研究与司法实践紧密结合，既使理论研究成果接受实践的检验，也使研究成果更好地指导实践、为实践服务。

恢复性司法译丛由中国人民公安大学出版社出版，得到了出版社领导及相关部门的高度重视与大力支持。特别是出版社法律分社社长杨玉生同志，从译丛开始的宏观策划，到具体的联系版权、每本书的译校，直至最后出版，都倾注了大量的心血，其敬业精神令人感动。在此一并表示衷心的感谢！

王 平

于中国政法大学学院路校区

2011 年 5 月 9 日

中文版序

听闻《视角之变：一种犯罪与司法的新焦点》一书即将在中国出版，本人深感荣幸。希望以下评述能够对此书有所帮助。

当前的恢复性司法肇始于20世纪70年代的星星之火，亦即少数人为探索满足现实主体实际需求的司法途径而为的努力。它来源于实践和试验，而不是抽象概念；其理论、概念，跟随其后。

这一缘起是相当缓慢的。当我于20世纪80年代中期开始写作此书时，还只在全球个别地区零星有我们当时所谓的"被害人—加害人和解项目"。此领域尚未命名，概念框架尚未搭建，应用则更是受限。

所有这一切都已改变：而今恢复性司法已成为一个世界性的领域，其应用遍及全球（其中不少是作为对犯罪的补充），而且呈现出各式各样的项目形式。比方说，它被广泛应用于学校，并被用于处理工作场合和社交层面在冲突后形成的局面。同样它也日益成为学术探讨和研究的一大领域。

尽管恢复性司法运动勃兴于特定社区的实验，但是很多人依然相信根本的恢复性司法是某种关联大量宗教和文化传统的普遍原理和价值。实际上，我们在东门诺大学（Eastern Mennonite University）之项目的国际毕业生，总能发现其契合于他们自己的传统。就现代恢复性司法运动在最近的相对发展来看，我相信理论和实践两者都深深植根于人类历史，并普适于全球全社会。来自五湖四海的大量支流正在汇集成恢复性司法的江河。

恢复性司法或许是存在着看似放之四海而皆准的因素，但司法必须始终受限于具体社会环境却也是事实——它需要受到实际社区现实主体之需求和传统的形塑。本书中所介绍的司法途径并不存在简单的蓝图，无法在其他环境中简单地加以复制，但是它却能够提供一些理念。

恢复性司法在众多项目和实践中彰显自身。每一个社区、每一种文化，都必须找到适合其需求和传统的形式和应用。与其说它是一个被复制的模式，毋宁说它是纵览世界的视角，是探寻正义的起点。这一视角肯定了存在于大多数（即使不是全部）文化中的主题，即犯罪侵害了民众和社区，并且司法包含了对共同生活在和平和统一之中的途径的探寻。

虽然来自很多国家和文化的试验与实践是值得借鉴的，但是没有一个可以或者应该被复制并且简单地“插入”其他的社会。相反，它们是一些例证，用以说明“视角之变”如何帮助不同的社区和社会找到他们自己的适当途径来探寻回应错误行为的司法。它们可以就从何入手的问题为我们提供一些理念。它们说明了我们每一个人都可以找到适合我们自己传统的道路以及现代法律系统背景下的途径。最重要的是，恢复性司法提供了一种触媒，以探索司法应当何为。

当我在20世纪80年代撰写此书时，我给出了司法的两种模式——报应性司法（在此也被称为法定或刑事司法）和恢复性司法——以互斥二分法的形式。虽然这些术语或说“理想类型”有助于解释差异，但它们现在看上去却显得过于简单、过于不现实，甚至或许是不公平的。而今我倾向于更多地将司法称之为一个续统，其所专注的不仅仅是法定司法的弱点，还有法定司法的优势。

现代法律体系具有促进人权和法治之类的重要功能，然而正如此书所言，它们也同样存在弱点。我坚决拥护构成法定司法之核心的法治和人权的保护。但与此同时，我也希望我们能够找到一些途径，使得司法经历对于参与者们而言尽可能地具有恢复性。事实上，我们也可以梦想将会找到一些途径，以将正式司法体系本身建筑在恢复性进程之上。

在此提出的主张非常简单：如果我们首要的关注焦点在于诸如此类的问题（它们常常形塑我们当前的司法体系），即违反的是哪个法律、是谁干的、他们应该受到何种惩罚，那么正义也就无法实现。相反，真正的正义要求我们质询如下问题：是谁受到了伤害、他们需要什么、这些是谁的义务和责任、谁在这一情况下存在利害关系，以及可以将这些利害关系人包含到寻找解决办法的过程中的程序是什么。恢复性司法要求我们改变的不仅是我们的视角，还有我们的问题。

我必须承认《视角之变：一种犯罪与司法的新焦点》写于美国，出自一个美国人之手，并且在一开始就打算论述北美的情况。因此，它也反映出了由特殊视角所带来的偏见和重心。认识到了这些局限性，我希望你们仍然可以从中找到一些论及你们、论及你们的经历、你们的传统的因素，并且可以找到一些途径，将这些理念注入有关司法目标和本质的讨论，而今这已真正成为了国际性的话题。

归根到底，恢复性司法所关乎的是建构、重新建构并维系人与社会之间的生命赋予关系。我知道中国文化在这一方面拥有深厚的传统。我也希望此书可以促进有关这些传统进一步地发展和提炼，并在现代社会获得应用最好的对话。

霍华德·泽尔博士

美国弗吉尼亚州哈里森堡东门诺大学司法和安全中心

2010 年 2 月

译 序

霍华德·泽尔博士，现供职于美国弗吉尼亚州哈里森堡的东门诺大学，专任恢复性司法教授。早在20世纪70年代后期，恢复性司法尚处于初创阶段，泽尔博士就已经成为一名恢复性司法的理论研究与实践操作者。在过去的30多年中，他在大约25个国家35个州，就恢复性司法、被害人—犯罪人会议、司法改革和其他刑事司法问题进行培训和咨询，达数百场次。他所著的《恢复性司法手册》（*The Little Book of Restorative Justice*），作为恢复性司法的教科书，已经译成11种语言文字。而《视角之变：一种犯罪与司法的新焦点》（*Changing Lenses: A New Focus for Crime and Justice*）自1990年出版以来，也已经重版3次，并至少译成了7种语言文字。正因为泽尔博士对恢复性司法所作出的开创性杰出贡献，他被尊称为恢复性司法的鼻祖。

我于20世纪末，在由中国监狱学会与香港善导会编辑的《罪犯回归后的康复、就业及预防重新犯罪研讨会议专辑》中，首先从香港学者的论文中接触到恢复性司法（香港学者称复和正义）的相关概念与理论。可能是我长期从事刑事执行研究与实务，一些问题长期困扰自己的缘故，当初次看到如此不同地阐释犯罪与司法时，有醍醐灌顶之感。而当我在2003年的一次国际会议上，看到泽尔博士英文版的《恢复性司法手册》时，多年困扰我的问题，我似乎一下找到了答案。在监狱工作多年，常见罪犯因自己的犯罪给家庭带来不幸而痛哭流涕，却极少听到罪犯因造成对被害人的伤害而愧疚。是什么让他们心安理得？是他们完全丧失了良知？不是！是因为他们承受了刑罚的惩罚，而觉得犯罪引起的对被害人的债务已经偿还。正是恢复性司法理论对现行刑事司法所面临的问题具有强大的解释力，我坚定了研究恢复性司法并在中国推行的信心。从翻译出版《恢复性司法手册》，到在南京举办全国第一个恢复性司法国际会议和恢复性司法理念培训，再到设立恢复性司法研究基地，探索恢复性司法理念下的刑事和解实践，恢复性司法这一世界潮流，也早已在中国掀起了不小“波澜”。随着越来越多的学者和公安司法人员开始关注恢复性司法，有必要让人们更为准确和全面地了解恢复性司法。早在几年前，南京大学犯罪预防与控制研究所就开始组织翻译《视角之变：一种犯罪与司法的新焦点》一书，后因版权问题得不到解决而中止。现今，本书被纳入中国政法大学恢复性司法研究中心组织翻译的恢复性司法译丛，这本影响了世界恢复性司法进程的著作也得以与中国读者见面。在此，要特别感谢中国政法大学恢复性司法研究中心和中国人民公安大学出版社为本书的出版所作出的努力。最后还要特别感谢原著者泽尔博士以及提供原版著作的温景雄博士。

本书前言和第一章至第五章由狄小华博士翻译；序言、第六章至第十一章及附录由张薇女士翻译，卓广平先生给予了大力协助。全文由温景雄博士校对，并由狄小华博士统一定稿。为翻译好这本恢复性司法的名著，我们尽管作了最大的努力，但由于翻译经验不足，水平有限，译文中的缺点和错误在所难免，恳请读者批评指正！

狄小华

南京大学法学院教授、博士生导师

南京大学犯罪预防与控制研究所所长

2010 年 3 月 22 日于南京

校译者序

能为此书作序实属荣幸。霍华德·泽尔博士成就斐然却又为人谦和。早在 1992 年时，我作为一名监狱义工参加了其在加拿大温尼伯石山监狱（Stony Mountain Penitentiary，Winnipeg）举办的恢复性司法研讨会。在聆听其讲演之初，我曾十分怀疑"被害人—加害人和解项目（VORP）"在一般意义上的普适性与可操作性，及其在特殊意义上对香港的文化契合性。直至 1995 年我开始就此主题进行博士阶段的深入研究之后，我才逐渐意识到自己的无知，并开始纠错，一次又一次地，最终走向了这样一种"参悟"，乃至将恢复性理念广泛应用到了刑事司法领域和日常生活之中。当然，泽尔博士的经典之作《视角之变：一种犯罪与司法的新焦点》"源自于多年来的经验、阅读和探讨"（本书前言），是我取得突破的帮手之一。读罢此书，最大的启迪即是激发我将根植于中国哲学传统的中国式"恢复性"概念这一历史遗产与来自其他大陆法系国家的历史遗产联系起来。儒家的"仁"和"礼"，道家的"自然"、"为"与"无为"，墨家的"兼爱"和"济困"，就是一些具体的例子，它们都有别于"义"这一抽象的概念。纵使泽尔博士囿于其自身独特文化背景而采用一些宗教传统作为例证中的一部分，恢复性司法的精神也确实是超越具体文化的。再说，恢复性司法的精神内核与目前在中国众所周知的意识形态取向“科学发展观”十分契合，后者强调“以人为本、全面、协调、可持续的发展”。它甚至迎合了我们的温总理的诗作《仰望星空》，后者决意追求“真理、正义、胸怀、炽热”。至此，对想要了解VORP在加拿大的“复兴”以及在世界诸多地区的响应和应用的人来说，《视角之变：一种犯罪与司法的新焦点》确实是一部不可或缺的著作。

泽尔博士不但甚为慷慨地先后为其《恢复性司法手册》（*Little Book of Restorative Justice*）和《视角之变：一种犯罪与司法的新焦点》（*Changing Lenses: A New Focus for Crime and Justice*）的中文版作序，而且还本着“转变视角”的精神亲身实践其主张。他曾经将报应性司法与恢复性司法看成是相互排斥的两种司法模式。然而，10多年后，他又明显“转变”了他的“视角”，从报应性—恢复性理念的二重“范式转变”转变为相互包容的“续统”。这种视角的转变不仅体现了他严谨求实的学者风范，为其在学术圈内赢得更多尊重，而且让实施依托于四大经典刑罚原理（惩罚、威慑、恢复和预防）的恢复性司法理论与实践变得更有意义。这就是他值得被称作“恢复性司法之鼻祖”的原因，至少可见其文如其人：一位勇于转变和修正其先前视角的“先驱”！请允许我向恢复性司法的拥护者和怀疑者、刑事司法专业的学生和老师、实践者和理论研究者、被害人和加害人、一般民众和社区，以及诸如此类的所有人强烈推荐这一经典之作！

我早就梦想着，如果这本英文专著被翻译成中文，或将激起一系列的连锁效应。而今我欣喜地见证了它的中译本。我相信这本专著会在一定程度上引起更多的讨论，引导我们思考如何建构和谐社会，并且将此恢复性司法原理适用于本土固有的文化背景。其著作自问世以来，经过在全球范围内30多年的试用之后，仍不失为标杆之作，洞彻真理而且举足轻重。与其说这一中译本是中国对恢复性司法实践的探索结果，还不如说其代表了新的开端和延续。令人振奋的是，2002 年是中国恢复性司法于南京之发端，随后有北京、上海、重庆、湖南、南宁等先后进行恢复性司法改革试点。唯愿我们携手，一同将这“以和为贵”的中国优良传统美德发扬光大，循序渐进！

温景雄博士
香港大学社会学系刑事司法学士课程荣誉讲师
2010 年 2 月

原　序

本书源自于多年来的经验、阅读和探讨，它更多是对前人成果的综合而非创新。因此，本书对前人的观念和经验着墨很多。本书的出版归功于很多人，对于他们的支持，虽不是我个人能够报答的，但至少我要借此表达我的感激之情。

感谢我的加拿大同事戴夫·沃思（Dave Worth），他不仅鼓励、鞭策我完成本书，而且对本书提出了许多意见和建议。

感谢马丁·赖特（Martin Wright），米勒德·林德（Millard Lind），艾伦·克赖德（Alan Kreider），和 W. H. 奥尔欣（W. H. Allchin），他们看了我的手稿后不仅鼓励我继续努力，而且对本书提出了许多有益的建议。

感谢那些我在书中已经提到的引用成果的作者。感谢那些以各种方式给我帮助，而又无法一一点名感谢的人。特别要感谢尼尔斯·克里斯蒂（Nils Christie）和赫尔曼·比安基（Herman Bianchi），他们的作品和论述给我的研究指明了方向。

感谢参加在美国、加拿大和英国召开的会议和研讨会的人们，他们在过去的几年中听过或检验过这些观点。

感谢许许多多在美国、加拿大、英国和其他地方参与“被害人—加害人和解项目（VORP）”的人们，他们的决心与榜样作用给了我现实生活的勇气与底气。

感谢美国门诺派中心委员会，是它给我资助与时间发展自己的思想并将它们写出来。特别要感谢美国门诺派中心委员会前主席 H. A. 彭纳（H. A. Penner），是他鼓励我坚持进行这一研究。

感谢约翰·哈丁（John Harding）和英国汉普郡（Hampshire）缓刑服务机构，是他们邀请我去英国，给予我热情接待，并为我在那里写作提供了住宿的地方。

感谢多里斯·鲁普（Doris Rupe），是她为我提供了一处远离办公地点去写作的安静之处。

许多人为本书的形成提供了帮助，然而，由我对本书的内容最终承担责任，本书的内容既不反映美国门诺派中心委员会的立场，也不反映我以上提到的那些个人的立场。

霍华德·泽尔

目　　录

第一部分　犯罪的经历

第二部分　司法的范式

第三部分　历史溯源

第一部分　犯罪的经历

第一章 简 述

本书涉及有关原则与观念。本书的探索涉及对我们已有的有关犯罪、司法及如何共同生活的一些基本假设进行鉴别、评价，这样做或许是冒昧的。本部分将简单介绍我们是如何产生这些假设，并提出这些可供选择的办法的。

这种探索的努力虽然是一种进行抽象的活动，但也不能将其限制在狭窄的范围内。我们首先必须尽可能深入到一个真实的犯罪和审判的经历中去，只有以这种真切的经验事实为基础，才能了解我们做了什么，我们为什么要这样做，以及我们还能有什么更有希望的不同的做法。

了解犯罪的经历不是一件容易的事情，我们中的大多数人都不可能自动经历这样的事情。直面它意味着伤害或者被另一个情绪爆发的人所伤害，这通常令人害怕并且让我们宁可选择说谎。除非我们直接经历过犯罪，否则完全了解这种犯罪经历是困难的。然而，我们必须尝试，尽管我们清楚这种尝试是不完全的抑或是痛苦的。

因而，这本书首先从这点着手。 p15

故事

几年前，在美国一个小镇的法庭上，笔者和一名 17 岁的被告人坐在一起。笔者和同事已经按法院要求提出了一个判决的建议。现在我们坐在那里等待着法官的判决。

与判决有关的是一个令人遗憾的故事。这个年轻人（当时 16 岁）在一个黑暗的过道里用刀威胁一位年轻的妇女。在接下来的对抗中，那位年轻妇女失去了一只眼睛。现在那个年轻人的命运将等待法官决定。

虽然这一事件的细节难以确定，但像这样的一些情况似乎已经清楚了。这个年轻人生活在一个或许并不快乐的家庭，常受到虐待。他与他的女朋友已经决定逃离家庭，但缺少必要的钱。他没有暴力的记录。但是，电视中的暴力镜头使他相信，只要对某人实施威胁，他们就会交出钱，这样，出逃所需的钱也就解决了。

在选择被害人过程中，他不时在小镇四处观察，最后挑选了一名年轻的妇女。有好几次，他尝试与那位年轻妇女交谈，但都被回绝。自从他以为她将是合适的对象以后，她似乎是合乎逻辑的选择。

因此，他蒙着面、带着刀（他声称故意挑了一把小的刀）守候在她公寓住宅的过道里。当她进入过道，他从后面突然抓住她，但那个年轻妇女不是如他所期待的那样顺从地交出她的钱，而是先是和我们大多数人一样惊慌，接着开始尖叫和反抗。年轻男子的母亲后来提及他从来都不能忍受针对他的高的嗓音，所以，当这一切发生时，他变得失去理性。这或许可以解释他的行为，后来由于她反抗，他过于惊慌，刺了她几刀，并且刺伤了她
p16 的眼睛。

他们进入了她的住房。在这里，他们的故事不是他是否绑架她，而是尝试帮助她。他声称他给她帮助，她也很配合。据报道，当他被逮捕时，他说，“我不是故意的，我不是故意的，我不想要伤害任何人。告诉她我很抱歉”。无论如何，当他们离开过道时，他被逮捕了。最后他被定罪，现在正在等待判决。

在这个小社区的小小的审判庭里，他和他的律师坐在桌子一边面对法官。他的家人则坐在他的后面。在后排坐着被害人的家人和亲属。法庭分散坐着一些感兴趣的围观者和刑事司法专业人员。

他被判刑之前，笔者向法庭提交了量刑建议，要求对其宣判有限的监禁刑期，监督，赔偿被害人，承担社区责任，接受专家咨询、教育，有计划地生活，就业。

当他被问到他是否还有什么话想说时，他说他对自己的行为悔恨不已，并尝试去体会他的行为对那位年轻妇女意味着什么。他说：“我认识到我造成了很多伤痛。那位女士失去了她永远不可挽回的东西。我宁愿把我自己的眼睛配给她。我对自己的行为感到悔恨，并且希望我能被原谅。我不想在未来的日子里给她的家庭带来伤痛。”

法官在量刑前列举了刑罚一般所要达到的目标：报应；把犯罪人从社会中孤立出去；康复；威慑。法官特别强调了犯罪人对其行为负责的必要性。 p17

法官还讨论了这个年轻人的犯罪意图。他被指控持械抢劫和攻击杀人，但法官明显地同意加害人自己的说法，认为他抢劫时并没有杀人的意图。然而，法官推论加害人在同被害人搏斗的过程中形成了杀人意图。由此，这一指控既正确又严重。

然后，法官宣布判决。这个年轻人被判处20年至85年的监禁刑罚，而且在他服完最短刑期前不得假释或获得好的处遇。当他出狱时，他至少37岁。法官在宣告这一判决时对这个年轻人进行了劝告，“我相信，在那里你将忘记导致你暴力犯罪的这种行为模式”。

不可否认这是一个悲剧故事。然而，这仅是很快从一连串紧张刺激事件中抽出的一件悲剧事件。本是两个个体之间的一场悲剧的对抗，却被合法的程序和媒体转换成犯罪人的犯罪，而作为对抗一方的被害人却成为次要的了。戏剧发生在了两大抽象事物之间。事件被神秘化和戏剧化，直到真实的经验和动机被完全遗忘。因此，让我们开始揭开所有这一典型悲剧的神秘外衣，并去除其神话色彩。让我们试着阐明经历，这种经历被看做是包含着真实的人与人之间的人类悲剧，而在悲剧中的人在许多方面又和
p18 我们非常相似。

第二章 被害人

笔者不曾认识这位年轻的妇女。笔者因对司法程序中的敌对本质而感到沮丧，参与了整个案件的处理，加之笔者不知该如何会面，所以，没有与她会面。回想起来，或许笔者应该冒风险去尝试。然而，根据其他被害人的经历，笔者试着去了解她已经经历的一些事情。①

受害经历

当她进入她的住宅过道，遭到一位蒙面带刀男子的袭击时，她被镇住了。她的第一反应是震惊或不相信，“这种事情不可能发生在我身上”。一些被害人报告说他们最初被惊吓得瘫痪在地

① 有大量的资料可供我们认识有关被害人的经历。我特别推荐的是 Morton Bard and Dawn Sangrey, *the Crime Victim's Book* (New York: Brunner – Mazel, 1986), 2d ed。另见 Shelley Neiderbach, *Invisible Wounds: Crime Victims Speak* (New York: The Hayworth Press, 1986) and Doug Magee, *What Murder Leaves Behind: The Victim's Family* (New York: Dodd, Mead and Co., 1983)。

p19 而不能动弹。不过，她在遭到袭击时尖叫并进行了反抗。她在后来回忆说，她当时以为自己肯定要死了。

被害人的一般反应也就是心理学家称之为的“吓呆而顺从”。面对这样一种恐怖的无力抵抗的情形，暴力犯罪的被害人（像劫机犯罪的被害人）通常会与施暴者合作。在诸如强奸的一些犯罪中，这种本能心理反应可能会被法庭误解为是自愿合作。然而，事实上这种顺从根源于恐惧。

一旦最初的攻击过去，事实上也就会作出如这个妇女那样的反应。从加害人的角度看，一旦他实现了他要做的，他就会试着帮助她获得帮助。按照他的观点，她已经合作了。然而，事实上，她惧怕他，感到无法摆脱他的控制，因而企图采用她能够采用的任何方式与他合作，使之息怒。

在最初受冲击的阶段，她和大多数被害人一样一般有如下的反应：她被混乱、无助、恐怖、毫无防备的感觉所淹没。在接下来的几周中，这些感觉的强烈程度虽然降低了，但仍然占据着她的内心。然后，又引起强烈的新的感觉：愤怒、不安、怀疑、沮丧、无意义、缺少自信、遗憾。

在“重复畏缩”阶段，她努力调适并经历更大的情绪波动。有些日子，她似乎从遭受的挫折中振作起来，开始乐观起来，但接下来又是强烈的沮丧或发怒。

她开始出现生动而又令人恐惧的梦境和幻想，这些梦境和幻想完全不是出于她的本性，而且对立于她的价值观念。例如，她幻想对侵害自己的人实施可怕的报复。由于这种做法与其所持有的价值观相矛盾，因此，她感到焦虑和有罪恶感。当她从梦中醒
p20 来，她经常重新回忆她做过什么和她是怎样作出反应的，她自问为什么会以这样的方式作出反应，是否还有别的不同的反应方式。

如大多数犯罪的被害人，她要与羞愧和自责的感觉作斗争。

她反复问自己：为什么会发生这样的事，为什么自己会以这样的方式作出反应，是否还有其他可选择的不同方式，于是相信自己在某些方面有过失。假如在他试图与自己交谈时，自己不是粗暴拒绝，假如自己那天晚上不出去，或许她现在不会为自己所做的事而受到惩罚。

她将继续努力克服恐惧的感觉，克服易受攻击和无助的感觉。其他一些人采取控制让她消除无力感与易受攻击的感觉，但这样做想要恢复她安全与控制的自信将是困难的。与这种努力相伴的将是尝试重新获得对他人与世界的信任。有些人已经侵犯了她和她的世界，她和人们、她的家人、她的邻居、其他每个人在家的感觉将很难重新恢复。

大多数被害人经历了愤怒的强烈感觉，这种愤怒针对侵害自己的人，针对应当防止这种侵害发生的人，以及针对允许甚至引起这一侵害的上帝。这种强烈的愤怒或许与他们具有的价值相矛盾，由此增加他们的罪责。对于一个信仰宗教的人，像这样的一种经历常常会引起信仰危机。为什么这一事件会发生？我为什么要得到这种报应？怎么能算是爱，难道是正直的上帝让发生这样的事？如果没有满意的答复将会导致极度的信任危机。

这位年轻妇女在受到攻击以后的几周中，努力适应她的新处境：一方面，她为自己无辜失去一只眼睛而感到悲伤；另一方面，她设法处理新产生的强烈的愤怒、罪责与易受侵害的感觉。
同时，她需要重新调整对世界与自己的看法。她现在看到的世界 p21
是一个出卖自己的充满危险的世界。她所能见到的不再是过去那个舒适、可预期的环境。她认为自己太天真，不再认为世人多好并信赖他们。有了这些新的感觉，她甚至开始调整好的自我形象。虽然先前她视自己为有爱心的、利他主义的人，但是这种自我观念现在已经被粉碎。

她的朋友们在这些方面又是如何呢？

假如幸运的话，她会有朋友、教友、同事和邻居去找到她。她需要人们接受她的感受，不管他们是否理解这种感受。没有裁判，谁愿意一遍又一遍地倾听她的故事呢？她需要愿意帮助她，而不是对她发生了什么、她如何反应进行责备的朋友。她需要愿意提供支持与帮助而又不是控制她的人。①

然而，不幸的是她的朋友趋向于回避主题。他们容易对她的
p22 故事感到厌倦，觉得她需要将这些事情放到脑后并向前行。他们劝告她不要生气，并且以各种不同的方式暗示她，她对事件的发生也有责任，而她自己却不知何故受到谴责。他们暗示发生的事件或许是上帝的旨意，或许她该受到惩罚，或许是上帝为好的结果而引发这一事件，或许是上帝试图通过这件事给她以教训。这些意见增强了她自我谴责的趋向和对自信的怀疑。

---

① 夏洛蒂·赫林格（Charlotte. Hullinger）指出被害人的朋友对被害人的四种反应：

拯救者：恐惧促使他们寻求快速的解决方法。他们提供建议去鼓励依赖，而不是聆听被害人。他们对被害人的发泄感到不舒服，他们不想目睹被害人的痛苦和无助而处处要去解决问题。

敌对者：恐惧促使他们对被害人愤怒，他们想怪责被害人、用审判的口气说话并尝试与被害人保持距离。正因为他们害怕，所以他们声称这种事情不会发生在他们身上。

无助者：恐惧包围着他们。他们和被害人感觉一样差，甚或比被害人更差，但他们并不真正聆听。他们会让被害人感觉很差以至于他或她开始对帮助者感到抱歉。

积极者：他们意识到并承认自己的恐惧。一方面，他或她坦然地面对，聆听而不责难，而且具有时间感。这种帮助者可能会说：“你一定是十分伤心。”“要用时日去面对。”“你处理得很好。”“这一定是十分悲惨。”另一方面，他们让被害人畅所欲言但不会给予如何解决之道。

朋友和相识者的反应也就是心理学家所讲的“二次受害”的例子。当我们听到犯罪，听到他或她与受害有关的故事，我们也经历了一些受害的感受。由于那些痛苦的感觉是我们想要避免的，因此，人们避开主题并趋向于责备。毕竟，如果我们能够将她遇到的麻烦归结于其自身的原因，那么，我们就能够远离她的这种境况，并能够相信这样的事情不可能发生在我们自己身上，从而使我们感到更安全。

她因此不得不为感到悲痛的权利而斗争。因为她的亲密朋友，或许还包括男朋友，会和她一起承受痛苦。额外的紧张是由他们不同地或不甚明显地感到悲痛的事实所引起的。举例来说，被谋杀孩子的父母的离婚率很高，部分是因为夫妻不同程度地感到悲痛，并有不同的调整方法。如果不加以辨别并理解，悲痛方式的不同会导致夫妻离婚。

作为犯罪被害人的经历可能是非常深刻的，会影响到生活的各个方面。对于这个年轻妇人来说，受害经历影响了她的睡眠、食欲和健康。为了应付受害的影响，她转向药物与酒精，而药物的开销成了她的沉重负担。她的工作表现变得糟糕，各种经历和特殊的事件继续将她带回痛苦的记忆之中。假如她已经结婚的 p23
话，她的婚姻关系也将紧张，因为她的性兴趣与性行为必将受到影响。对于犯罪被害人来说，犯罪带来的后果常是精神上或肉体上的，并且影响广泛。

虽然让非被害人深度了解危机的方方面面是困难的，但要了解像这样一个暴力犯罪经历的广度与深度并不太困难。常被忽视的是，那些被认为不很严重犯罪的被害人也会经历类似的反应。描述入室盗窃被害人的经历，听起来很像强奸被害人的经历。虽然经历暴力伤人后的被害人在反应强度上可能有所不同，但是破坏公物行为的被害人与汽车盗窃的被害人的反应，与大多数暴力袭击被害人的反应相似。

为什么遭受如此伤害？

为什么作出这样的反应？为什么犯罪具有如此破坏性，如此难以痊愈？其原因在于犯罪本质上是一种侵犯：一种对自己的侵犯，一种对我们的本性、我们的信仰和我们私人空间的亵渎。犯罪的破坏性在于它颠覆了作为我们生活基础的两个假设：我们相信世界是有秩序的、有意义的地方，并且我们相信个人是自由的。这两个假设对于人类整体是必要的。

我们大多数人都认为这个世界（至少我们生活的这个世界）是一个有秩序、可预期以及可以理解的地方。很多事情或许都不能如我们所想的那样，但至少我们能给许多发生的事情提供答案。总的来说我们知道应当期待什么。否则我们怎么能够拥有安全感？

犯罪，像是癌症，扰乱了秩序感和意义感。结果，犯罪被害
p24 人，就像癌症的患者，渴望答案。为什么发生在自己身上？我可以做什么来预防它？这些仅仅是几个不断烦扰被害人的问题。回答这些问题很重要，因为它可以使秩序感与意义感得以恢复。如果我们能够回答是什么和为什么这些问题，那么世界就能重获理解。没有回答，被害人就会趋向于责备自己，其他人，甚至上帝。事实上，为了恢复意义感和一些整体的外观，责备是一种重要的提供答案的方法。

就总体而言，我们也需要有一种个人自主的感觉，一种超越我们自己生命的力量。不情愿地被剥夺个人力量，不情愿地被别人所控制，是在强烈地贬低人的身份，并失去人性。犯罪破坏了这种自主的感觉。其他一些人已经控制了我们的生命，我们的财

产，我们的空间。留给被害人的是易受伤害、无防备、失去控制、失去人性的感觉。在这里如前述的自我责备或许是一种处理机制。在我们所做的任何事情中，如果我们能够确定犯罪的原因，我们就能下决心避免那种行为，如此就能恢复控制感。

当时，我们故事中的那位妇女不是简单地受到身体攻击的被害人。她曾是——而且现在也是——自我感和自控感受到伤害的被害人。心理影响可能会比身体损害更为严重。

恢复过程

为了恢复，被害人需要从“重复畏缩”阶段转向“重组”阶段。在严重的犯罪案件中，他们需要从身为被害人转向身为生存者。被害人需要发展这样的观点，即犯罪与犯罪者不再支配着他们。然而，这是困难和耗费时间的。对于很多人，不可能完全达到。 p25

为了恢复，被害人需要做什么呢？对这个问题的任何回答都是有点风险的。只有每个被害人自己才能够真正回答，而且需要是因人而异的。不过，被害人的需要通常包括（但不局限于）以下方面。

或许最明显的是，被害人需要对损失的赔偿。财务的和物质的损失可能导致被害人真正的经济负担。而且，损失的象征性意义或许与实际的物质损失一样甚至更为重要。在任何一种情况下，偿还损失能帮助恢复。完全地偿还物质和精神损失或许是不可能的，但损失感和引起的需要以物质的方式加以满足可能是相当重要的。

在前面这个故事中，没有人能够还这位妇女一只眼睛。然而，偿还费用可以减轻或消除其经济负担。与此同时，这样做还可以在象征意义上提供一种恢复感。

与物质损失一样重要，通过对犯罪被害人调查发现，他们通常认为其他需要的重要性更大。其中之一便是对答案和信息的需要。为什么受害的是我？这个人是否有针对我的个人事由？他或她还会来害我吗？我被盗的财物怎样处理？我怎么做才能避免成为一个被害人呢？必须提供信息并回答这些问题。

为了寻求治愈，建议被害人必须找到6个基本问题的答案。[①]

1. 发生了什么？

p26 2. 为什么这件事发生在我身上？

3. 为什么我当时会作出那种反应？

4. 为什么自那以后我会有这种反应？

5. 是否这样的事还会发生？

6. 这对我、对我的生活态度（我的信心、我对世事的观察力、我的前途）意味着什么？

有些问题仅被害人自己就能够作出回答。例如，他们必须对其在那时以及自那以后的行为，作出他们自己的解释。并且，他们必须决定在未来遇到相同的情形时，将怎样作出反应。然而，前面两个问题的回答有赖于侵害的事实。真正发生了什么？为什么这件事会发生在我身上？这些信息对于被害人来说尤其重要，如能回答这样一些问题将有助于被害人走上恢复的道路。如不能回答这些问题，恢复或许是困难的。

除了偿还和回答问题，被害人还需要有机会来表达和确证他

---

① Charles Finley, "Catastrophes: An Overview of Family Reactions," Chapter 1 of Charles Finley and Hamilton I. McCubbin Stress and Family, Vol. II: Coping with Catastrophe (New York: Brunner/Mazel, 1983).

们的情感：愤怒、恐惧和痛苦。即便这样的感受对我们而言很难接受，或者与我们期待他们的感受不一致，但这种感受是对犯罪侵害的一种天然的、人性的反应。事实上，愤怒必须被看做是受难的一个通常阶段，不能简单地将它与整个事件分开。受难和痛苦是罪行的一部分，需要被表达出来并让人听到。被害人需要有机会和地方表达他们的感受和痛苦，而且也需要倾诉他们的故事。他们需要有人聆听自己的“真相”，并得到他人的认可。

被害人也需要被赋权。他们个人的自主意识因受犯罪侵害而丧失，所以需要找回这种代表个人力量的自主意识。这种自主意识包括能够控制他们所处环境的感觉。因此，新的防盗及保险和 p27
其他保安系统对于被害人可能很重要，或者，作为一种降低危险的手段他们可能因此改变生活方式。同样地，他们需要有一种控制和参与形成处理自己案件决议的感觉。他们需要感到自己有选择的机会，并且这些选择是真实的。

被害人常常感到满意是重要的。他们要确信这样的事情在他们自己和其他人身上都不会再发生。他们要知道朝着这样的目标，正在一步一步地采取措施。

贯穿始终的一个基本线索或许可描述为对正义的经验需要。对于有些被害人，可能采取复仇这种形式的需要。然而，要求报应本身可能使被害人难以获得更多真实的公正体验。确实，没有公正这样的基础性体验，恢复也许是完全不可能的。被害人的公正体验有许多方面，有些方面前面已经讲到。被害人需要确信发生在他们身上的事情是错误的、不公正的和不恰当的。他们需要机会说出在他们身上发生了什么的真相，包括他们的痛苦。他们需要有人听他们的诉说并予以认同。人们通过与家庭暴力受害妇女合作，已经概括出称作“告诉真相”、“打破沉默”、“公开透明”和“加以重视”的需要。

作为正义体验的一部分，被害人需要知道正在采取一系列措施，修正错误和减少再次发生这类事情的机会。正如前面所提到的，他们可能要求偿还，这不仅仅是为了使受到的物质损失得以恢复，而且是一种道义上的声明，它暗示着承认犯罪行为是不正当的，并试图纠正它。

正义或许是事情的一种状态，但它也是一种经历。正义必须
p28 被真实地经历。被害人通常不满足被保证事件正在处理之中。他们要求知情，至少在某些方面，他们要求发表看法和参与事件的处理。

犯罪可能扰乱我们的意义感，它是人类的基本需要。因而，恢复的途径包括意义的探寻。确实，为了恢复，被害人必须回答的 6 个问题包含了对意义的探寻。对于犯罪被害人，正如哲学家和历史学家叶礼庭（Michael Ignatieff）所说，正义是一种最基本的需要，因为正义提供了一个理解经验的意义的框架。[1] 这引发笔者作出以下几点观察。

首先，受害可以是一种非常严重的受创经历，之所以如此，是因为它破坏了在一个有意义的世界中，作为自主个体的自我观念，这种自主是非常基本的东西。它也是对我们与其他人之间信任关系的侵犯。

其次，这种自主个体观念不仅对像谋杀、强奸这样被大多数人认为是严重的暴力犯罪来说常常是真实的，而且对那些时常被社会视为轻微犯罪的虐待配偶、入室盗窃、故意毁坏公物或者汽车盗窃来说也是真实的。

---

① Michael Ignatieff, "Imprisonment and the Need for Justice"，这是 1987 年提交给位于多伦多的加拿大刑事司法议会的一份报告，修改后的版本于 1988 年 1 月刊出。

再次，被害人表现出来的回应犯罪的通常模式，要考虑每个人的个性、境况以及犯罪的不同。例如，像恐惧、愤怒这样普世性的感受，几乎在被害人身上普遍存在，而且许多被害人似乎都要经过可辨认的调试阶段。

最后，被害人受到他人侵害而产生一系列的需要，这些需要若能得到满足，则能够促进恢复过程。然而，如果不能满足被害人的需要，恢复也许是非常困难并且是不完全的。 p29

我们的回答

综上所述，以被害人的需要作为主要的焦点而将被害人置于司法程序的中心，这似乎是合乎逻辑的结论。人们可能认为被害人对加害人提出什么样的指控拥有发言权，他（她）们的需要应当在最后的案件处理意向中考虑。人们能够期待，当加害人被确定时应当告知被害人，并且当案件移送法院时应当继续通知被害人。然而，在许多案件中，却很少甚至没有告知。对于案件是否或者如何指控，被害人很少有表达意见的机会。他们通常仅仅被当做证人来考虑。当加害人被拘押时，他们很少被通知到。只有法律规定需要通知的情形，法院才通过法庭以某种程式化的努力通知被害人案件的程序，或者确定他们会加入到最后的案件处理之中。

这可以通过笔者曾在一次研讨会上帮助指引过的一位妇女加以生动地说明。笔者在会上已经花费一些时间描述了犯罪被害人的状况，他们的痛苦、他们的需要，以及他们受到的司法程序的忽视。这时靠在笔者身后站着的一名女子说："你是正确的。有一次我的家被偷了，还有一次是我在黑暗的街头受到了袭击。两起案件直到案件完结或几乎要送到法院，没有一个案件通知或者询问过我。而且你知道吗？我是检控人员！连我自己的职员都没能通知我。”此时，你能想象，我们中的其他人还能指望什么。

这样的事情在被害人报告犯罪后不久就会遇到。他们常常会惊讶地发现，他们的指控在没有考虑被害人的意愿，并且提供很少有关案件信息的情况下，要么不予追诉，要么降低等级追诉。

p30 如此忽视被害人，不仅不能满足他们的需要，而且使他们所受的伤害更加严重。许多人都说曾受到来自刑事司法人员和程序的“二次受害”。在这里，个人权力问题是核心。受害的本质是部分使人失去人性，犯罪使被害人失去权力。法律系统不是通过允许他们参与司法程序，使他们恢复权力，而是通过再次否定权力而使他们受到更严重的伤害。程序不是在帮助被害人，而是在使其受到二次伤害。

在美国，已经通过联邦立法，并已经在许多州开始实施帮助支持被害人援助和补偿计划。补偿计划允许严重的个人犯罪的被害人，在遇到各种不公正的僵化规定时，可申请偿还费用。被害人援助计划，在有被害人存在的社区，为被害人提供咨询和其他资源。英国已经在发展本地的被害人支持计划，在被害人经历司法程序并寻求恢复时，通过志愿者为他们提供支持与援助。①

所有这些帮助表明对被害人的一种新的和重要的关注。不幸的是，即便说这些努力还仅仅是个开始，但它也根本无法满足现实的需要。被害人仍然处于司法程序过程之边缘。在法律程序中，被害人等于是犯罪的注脚。

---

① National Association of Victim Support Schemes, Cranmer House, 39 Brixton Rd., London · SW9 6DZ, Unitesd Kingdom. In the U.S., the National Organization for Victim Assistance · (NOVA; 1757 Park Rd. N.W., Washington, DC 20010) serves as a national clearinghouse.

我们未能成功地使被害人摆脱恐惧、怀疑、愤怒和罪责等可怕的受害后遗症，由此引起持续的甚至是不断增长的报复需要。它鼓励成见的建构（毕竟，当事人如何能了解一个不曾见面的 p31
加害人），并且这些成见导致进一步的不信任，鼓励种族主义和阶级歧视。

从被害人的观点来看，或许最糟糕的是缺少解脱感。当被害人无人关注或他们的需要得不到满足，他们常常发现忘掉过去的经历是困难的。被害人经常联想到他们过去生动的经历，好像它们就发生在昨天，而事实上可能发生在数年前。在其经历中没有一件事真正被他们所克服。相反，过去的受害经历及加害人仍然控制着他们的生活。被害人仍然感到无能为力。而且，伤害并不局限于被害人个人，他们的朋友以及听过惨案的其他人同样受到伤害。公开的伤害导致怀疑、害怕、愤怒以及攻击的感受在社区滋长。确实，以上这些负面感受会破坏社区的团结。

然而，不能满足被害人的需要并不意味着我们从不在法律程序中或在新闻中提及被害人。相反，我们会调用他们的名字对加害人做各种事情，而无须考虑被害人的真实需要。尽管花言巧语，但我们事实上几乎没有直接为被害人做任何事情。我们没有听他们诉说受到什么样的痛苦，以及他们需要什么。我们没有寻求偿还一些他们受到的损失。我们没有让他们帮助决定该情形该如何处理。我们没有帮助他们使其受到的损失得以恢复。我们甚至不可能让他们知道自犯罪以后发生了什么。

因而，这才是最大的讽刺，最大的悲剧。那些最直接受到侵害的人，却不是作出犯罪处理决定的角色。事实上，正如我们看到的，被害人甚至不是我们理解问题的一部分。 p32

第三章　加害人

笔者已经提到，在我们公开讨论的案件中，被害人可能没有体验到公正。但是，对于攻击她的年轻加害人又发生了什么呢？他已经经历了一个精细而又冗长的程序，在这个程序中，一位被指望代表他利益的专业律师，与另一位代表国家与国家利益的专业检控人员，形成明显的对抗。这一程序受到一个详尽而又复杂的如迷宫般的，被称之为“正当程序”规则的指引。设计这些程序规则是为了既保护他的（但不必然是被害人）权利又保护社会的利益。通过这一程序，一系列的专业人士（检察官、法官、缓刑官、精神病医师），已经根据事实和法律的规定，确定他是有罪的。这里已经得出一个结论，即他仅仅实施了一个法律规定的犯罪，并且是他想要这么做的。法官也已经决定给予他什么样的处理。在整个程序中，加害人几乎是一个旁观者。他最初关注的焦点是他自己的境况和前途。现在他几乎不可避免地被各
p33 种必须面对的障碍、决定、情境所占据。毫无疑问，大多数决定是其他人为他作出的。

监狱服刑经历

现在他在监狱服刑。刑期的长短虽然在美国通常是确定的，但在加拿大或一些欧洲国家似乎是不同的，监禁的决定是不确定的。事实上，坐牢是当今西方社会对犯罪的正常反应。我们是在对监狱的一种假设基础上应用监禁刑罚的。监禁不是一种必须由法官加以正当化和合理化的、作为最后救济手段的审判。相反，监禁是规范的，并且法官发现它对于解释一个监禁之外的判决并使之合理化是必要的。

这种对监狱的假设可以解释为什么我们的监禁率如此之高。美国人通常认为我们对待犯罪是温和的。由于我们国家的实际情况不同，在个别案子和司法中，加害人似乎是容易逃脱的，但事实上，以上说法不是真实的全部。按照国际标准，我们的刑罚是严厉的。除了俄罗斯和南非，美国按人分配的监禁率要比任何其他工业化国家高得多。一些观察家认为，如果从其他国家的统计中去除政治犯，那么，美国的监禁率是世界上最高的。

监禁是判决首选的刑罚，而不是最后的选择、最后的措施，并且这不仅对暴力犯罪来说是这样的。许多国际观察家惊讶地发现，如果不是大多数，至少许多在美国监狱服刑的加害人是因为财产犯罪而被判刑入狱的。美国监禁率高，是因为我们是将监禁判决作为我们的基准来考虑的。

当对加害人宣判时，我们这个案件中的法官表达了这样的希
望，即这个年轻的加害人将在监狱服刑期间学会非暴力的行为模 p34
式。而事实上，他可能学到什么呢？

到如今，这个年轻人可能完全成为他自已暴力犯罪的被害人了。他正在学习什么经验？他将会了解到冲突是正常的，暴力是

解决问题的最好方法，每个人都是充满暴力倾向的。为了继续生存，人将以暴力应对挫折。总之，在监狱这样一个被扭曲的世界中，这是常态。

这个年轻人的年龄和他瘦小的身材，使他可能成为不仅仅是暴力，而且是性暴力的被害人。在监狱，资格老的、经验丰富的加害人经常与缺乏经验的年轻加害人混在一起，所以年轻男子的同性强暴经常发生。这种强暴可能反映了由监禁延伸的性剥夺和监狱生活的挫折特征。狱内男性同性强暴，经常被那些否定合法形式的力量和意义的加害人用作对其他加害人显示权力的扭曲的手段。监狱的同性强暴也是表达蔑视、贬低其他加害人的手段。这反过来表明，这种行为扰乱了对男子气概和妇女特质的一般理解。狱内的这些行为给这个年轻男子以明显的不安全感，通过这种经历，他的自我价值和男子气质可能受到严重损害并被扭曲。

经历这么多，然后，他将忘记将要改变他暴力行为方式的法官的期望。相反，法官已经判决这个加害人，在这种培育与教唆暴力的氛围中至少生活 20 年。暴力可能成为他获得某些东西的手段、解决问题的方法和沟通的途径。

这个加害人犯罪的部分原因是自我价值感、个人自主性和个
p35 人权力的缺乏。然而，监禁的经历将进一步剥夺他的价值感和自主性，留给他更少的资源去通过合法途径获得价值感和自主性。

笔者相信很多犯罪和暴力是确定个人身份和权力的方法，这可以从因一系列的武装抢劫而在监狱服刑 17 年的一个朋友那里得到很好的说明。最后，通过教会人员的耐心帮助，他融入了社会。波比（Bobby）在一个黑人贫困家庭长大。他的父亲，一个守门人和酒鬼，感到生活在一个类似监狱、无法逃避的封闭世界里。对波比而言，犯罪是一种对个人虚无的监狱的逃离。波比告诉笔者说："只有当我手中有把鸟枪时我才像个人！"当他在如

此缺乏对自己的尊重的情况下，他又如何尊重别人呢?

心理学家罗伯特·约翰逊（Robert Johnson）写道，杀人犯在断头台上，他完全获得了暴力的意义和根源：

> 他们的暴力不是一种没有规律或逻辑的、使他们感到痛苦的恐怖或疾病，也不只是丑陋情绪的方便的发泄途径。实际上，他们的暴力是对灰暗甚至常常是残忍的生活的一种适应。大多数暴力者的暴力，是其他人的敌对和虐待的最终产物，并且是在低度自信和破碎自尊的基础上培育起来的。自相矛盾的是，他们的暴力是自我防御的一种扭曲形态。这种自我防御仅仅是用作证明最初惹起的软弱和易受挫折的感觉。当他们的暴力向无知的被害人提出要求，它不是精神胜利的信号而是失去了控制。① p36

这么多的加害人形成缺乏自我价值感和缺乏个人自主性的典型性的特征，在监狱中琐碎的争论和冲突经常迅速引起猛烈的暴力。为一元钱争论可以轻易地导致死亡。

我们的加害人遇到麻烦可能是因为缺乏自我价值感和个人权力。他的犯罪或许是一种扭曲的尝试，自以为是，宣称他对自己或某人有一些操控力。然而，监狱的环境将进一步剥夺他的权力与价值感。

整个监狱环境被设计得使人失去人性。加害人被编号，穿标准化的衣服，并且只有很少甚至没有个人空间。他们几乎被剥夺

---

① Robert Johnson, "A Life for a Life?" Justice Quarterly, 1, No. 4 (December 1984), 571.

了所有个人决定和权力的可能性。事实上，所有环境设计的焦点都集中在服从和学习保持秩序。在这种情况下，个人没有什么选择。他或她能学到的只是服从与顺从。这是对鼓励监狱系统的反应，然而却是鼓励加害人成功回归自由社会的最小可能的反应。我们的加害人遇到了麻烦，是因为他们缺乏自我约束和以合法方式对自己生活负责的能力。监狱进一步剥夺他的这种能力。由此，对那些遵守监规最好的加害人，不是那些出狱后最成功地回
p37 归社区的人，也就不足为怪了。

当面对遵从压力时的第二个反应是反叛。许多人这样做。在某种程度上，这种反叛是试图保持个性意识。作为一种类别，那些反叛的加害人似乎比那些顺从的加害人（虽然反叛或许使假释更不太可能）能更好地回归自由社会。但也有例外，假如反叛太暴力或太持久，反叛和暴力的格局可能会占据主导地位。

杰克·阿博特（Jack Abbott）是一名加害人，他在监狱中花费了他生命的大部分时间在与遵从斗争。他的著作《在巨兽腹中》(*In the Belly of the Beast*)，是一本表达力强、富有洞察力的观察监狱世界的书。① 几年后，他被释放。没有想到，当他认为自己被侮辱时又杀了人。

第三种选择是要变成狡猾的人，即加害人在表现出遵从的同时，设法保留个人自由的空间。这导致加害人在监狱要学习另一课，即操控是正常的课程。归根到底，那是加害人如何成功应付和监狱当局如何管理加害人之间的博弈。除此之外，还有什么，毕竟如此少的管理人员能够管理这么多的加害人，给予这么有限

---

① Jack Henry Abbott, *In the Belly of the Beast: Letters from Prison* (New York: Random House, 1998).

的资源？总之，囚犯学会了欺骗。

我们的加害人遇到了麻烦是因为他没有能力作出好的选择。这种由加害人自己作出好的选择的能力，将被监禁的经历进一步地销蚀。在他的20年或者更多的时间中，他将不会有太多的支持，抑或不会有太多机会选择和承担责任。事实上，他要学的是依赖。在那些年中，他将不支付租金，不再会理财，不再为家庭负主要责任，他将依赖国家照顾自己。然后，当他回到社会，他将学习如何保持一份工作、存钱、预算和支付账单。他将缺乏应对能力。

在监狱中，我们的加害人将学习同化歪曲的人际关系思想。不管是婚姻的伴侣、朋友，还是生意上相熟识的人，控制其他人将成为他的目标。关心他人将被看做是一个弱点，并且懦弱意味 p38
着被捕食。

这个加害人需要认识到自己是一个有价值的人，具有作出好的选择的力量和能力。他需要学会尊重他人和他们的财产，学会和平应对挫折和冲突。他需要应对的技能。与之相反，为验证自己，他被鼓励转向暴力，以此作为成功应付的手段，作为解决问题的方法。他的价值和自主意识，要么被削弱，要么成为危险的基础。

如果研究了这一背景，那么，法官的希望就变成了令人难以置信的幼稚和荒谬。

监狱将会教他非暴力的行为方式吗？几乎不会，甚至可能使他更暴力。通过监禁加害人，就能保护社会吗？或许是暂时的，但是最终他将回到社会，他可能会因监狱的经历而变得更坏。并且在监狱里，他可能成为同犯的威胁。

监禁具有威慑效应吗？他的监禁是否能警戒其他人实施相似的犯罪是有争议的，但不可能威慑他自己。确实，如笔者已经提到的，由于缺乏应对技能和他将在监狱学会的行为方式，他或许会更多而不是更少地去犯罪。此外，他不再会对监狱的威胁抱有如此的恐惧，因为他知道能够在那里活下来。其实，20 年以后监狱将成为他的家，他出狱后反将感到不安全。

有些在狱内度过那么长时间的加害人，恰巧在他们释放时又犯罪，这样他们能够回到他们熟悉的地方。他们宁愿待在他们有技能成功应付的地方，也不愿意面对狱外生活的不确定性和危险。不久前，笔者是一名在英国白昼释囚中心（day center for
p39 ex－offender）的一个小组会议的客人。一位参加会议的年轻人已经在监狱有一些时间了。“我喜欢出去”，他说，“但是我只有在监狱里才高兴”。监狱的威慑难以阻止这种个别类型的人不再犯罪。

监狱的威慑也几乎不能改变那些贫穷和被边缘化的人们，他们认为外面的生活才是一种监禁。对于一个处于这种境况下的人来说，被判刑关进监狱只不过是将一种监禁换成另一种。我们却主要是为贫穷和无权的人保留监禁判决。

需要发生什么？

当对这个年轻人宣判时，法官谈到有必要追究加害人的责任，对此，我们大多数人会同意。加害人确实有必要对他们的犯罪行为承担责任，但是承担责任表示什么意思呢？对于这位法官和今天的大多人来说，加害人承担责任意味着必须受到惩罚——常常是监禁——不管是为威慑，还是为惩罚。“让人们负责”意味着强制人们“吃药”—— 一个奇怪的隐喻说明其破坏性比坐牢还大。

这是对责任极其有限和抽象的理解。没有行为与结果之间的内在联系，真正的责任几乎是不可能存在的，并且只要后果为加害人决定，责任将不牵涉到责任感。

为了实施犯罪和学会去适应他们的犯罪行为，加害人常常为他们的行为精心地创建合理化理由，而监狱给他们很多时间并鼓励他们这样做。他们开始相信他们实施的犯罪不是太严重，人人都是如此违法，被害人是罪有应得，保险将抵消任何损失。他们 p40
设法将自己的责任推给其他人和环境，他们还对被害人和潜在被害人形成了成见。自觉不自觉地，他们努力使自己远离被害人。有些窃贼甚至报告，他们在盗窃的被害人家里，将被害人的相片转向墙壁，这样他们就不会想到被害人。

在我们的刑事司法程序中，没有什么是挑战这些“错误归因”的。相反，刑事司法程序经常鼓励犯罪合理化和加强成见。刑事司法程序的对抗性本质，趋向加强加害人对被害人和社会的成见。刑事司法程序错综复杂的、不愉快的和不参与的性质，鼓励关注加害人所经历的错误，转移了对被害人所受伤害的注意。即便不是大多数，也有很多加害人最后感觉到他们被不友好地对待（而且他们也可能的确是被如此对待）。这反而促使他们关注自己的困境多于被害人。至少，由于刑事程序如此复杂，并如此倾向于加害人，刑事程序便完全是作茧自缚。

最后，加害人很少被鼓励，或允许了解自己所实施犯罪行为的真正的人性代价。一个人家里被盗窃或汽车被偷窃，经历恐惧并且质疑是谁实施这一行为和为什么要这样做，将会是怎样的？相信自己将近死亡然后失去了一只眼睛又将会是怎样的？被害人是什么样的人？加害人的司法经历中无一解决这些问题，无一迫使他或她面对自己的合理化和对他或她的成见。在上面这个案例中，加害人做过一些了解自己做过什么的尝试，但是，他的了解是不完全的，并且不久将被他经历的审判和惩罚所抹杀。 p41

所以，真正的问责包括：有机会了解一个人行为的人性后果，直面其所作所为和行为对象。但是真正的问责涉及更多。问责制还牵涉到为自己的行为结果负责，加害人必须被允许和鼓励去帮助确定修补违法结果将发生什么，然后采取措施修复损害。

法官丹尼斯·查林（Dennis Challeen）指出，大多数判决的问题在于，他们使加害人承担责任（在接受惩罚的意义上），他们没有让其负责。然而，责任的缺乏使他们从一开始陷入困境。当对负责任的人施以惩罚时，查林论证说，他们经常负责地回应。然而，当我们对那些不负责的人施以惩罚时，往往使他们更不负责任。①

一些法院开始将赔偿被害人引入判决。这是朝着正确的方向迈出的一步。然而，赔偿的理由往往是模糊和错误的。通常它被视为惩罚加害人，而不是使被害人变得好一些的方式。此外，它通常是一种强加的制裁，因此并不鼓励加害人主动对行为结果承担责任。加害人通常不参与形成赔偿决定，并且很少或根本不了解被害人的损失。因此，他或她有可能将其视为一种更具惩罚性的制裁，而不是符合逻辑地尝试纠正错误，并履行对另一个人的
p42 义务。作为一种惩罚而强加于加害人的赔偿判决，是不可能鼓励他们负责任的。这是在一些赔偿项目中，为什么赔偿率低的主要原因。

我们的加害人必须以任何力所能及的方式，对他的犯罪行为承担责任。这意味着他必须被鼓励加强对其行为尽可能完全地理解（例如，他的行为对其他有关的人意味着什么，并且承认他

① Dennis A. Challeen, *Making It Right: A Common Sense Approach to Criminal Justice* (Aberdeen, South Dakota: Melius and Peterson Publishing, 1986).

在其中的作用)。他还必须被允许或鼓励在他力所能及的范围内修补违法结果，并且他应当参与发现能这样做的方法。这才是真正的问责。

这种问责可能有助于形成满足被害人某些需要的决议，也可能有助于形成满足加害人某些需要的决议。了解他的行为已经引起了什么损害，可能有助于阻止他今后再造成此类的损害。有机会改正错误，可以激发他的自尊心，从而鼓励其合法的行为，使其成为对社会有用的公民。

将会发生什么？

在接下来的20年里，以上这些都不可能发生在加害人身上。结果如何呢？

他将没有机会面对导致其违法的成见和合理化。实际上，他的成见和合理化将会在其监狱生涯中被扩大和细化。他将没有机会获得在社会中生活所需要的人际关系技巧和适应能力。事实上，他将学会错误的人际技巧，并失去他原有的适应能力。他将 p43
无法面对他的所作所为，或者纠正错误。

他将无法处理这种罪行所带来的罪恶感。在犯罪处理过程中，他没有任何地方可以被原谅，没有任何地方能够觉得已经使犯罪结果得以修补。想象这些会影响他的自我形象。他的选择不多。他能避免这个问题，就是为他的错误行为寻找合理理由。他能将愤怒转向自己，并仔细考虑自杀。他也能将愤怒转向其他人。在任何情况下，在已经以接受惩罚方式“偿还债务”以后，他仍将继续被标定为加害人。他在监狱里培植起来的仇恨和暴力，可能会取代他可能有的任何悲伤。

与被害人一样，他将没有机会结束过去，将这些置于脑后，创伤将继续刺痛。

我们的加害人已经以其行为侵犯了另一个人，还损害了一个社区内的信任关系。然而，在司法程序中，却没有能帮助他理解他违法所导致的这几个维度。

一个自己受到过侵犯的人所犯下的罪行，虽然不能成为犯罪的借口，但他的行为是产生于被虐待的经历的。作为一个孩子，他的身体被虐待。作为一个成人，他在心理上和精神上受到虐待。这些都伤害了他自己的感觉和他与众人的关系。在这个司法程序中，由于没有考虑到这一点，因此，他根本没有可能重新融
p44 入社会的道路。

第四章　一些共同的主题

虽然笔者已经分别评判了被害人和加害人，但二者之间还有一些共同的主题。

悔改与宽恕

到目前为止，笔者已经分析了他们的经历和他们在经验和心理方面的主要需要。让我们简单地看看他们在基督信仰方面的困境。

在笔者所描述的案例中的所有年轻人都需要治愈。而真正要愈合，至少要有两个先决条件必须满足：悔改和宽恕。

如果愈合发生，对被害人能够原谅是有益的。

从神学的角度看，这似乎是很简单的：我们被要求宽恕那些伤害过我们的敌人，因为上帝已经原谅了我们。只要我们被敌意所主宰，我们就不可能自由。我们必须以上帝为榜样。

从实际经验的角度来看，这似乎很困难，或许不可能。母亲或父亲怎么可能原谅一个杀害他们孩子的人呢？怎么可能超越愤怒和报复的情绪？没有经历过这种事的人怎么敢建议这样的事？ p45

宽恕是否要等安全得到保障才可以被考虑？这样的保证可能吗？

原谅和被原谅都是不容易的，而且不能高唱建议。那些无法从自身出发去原谅的人也不能被强迫感到一种罪恶感。真正的宽恕不可能被驱使或强迫，而是必须来自其自身时空的上帝的帮助。[①] 宽恕是一份礼物，它不应成为一种负担。[②]

阐明我们对宽恕的理解是重要的。我们经常认为宽恕意味着忘记发生的事情，让事情结束。也许让加害人松懈下来很容易，但宽恕并不意味着忘记发生了什么。这个年轻女人永远不会——也应该永远不会——完全忘记她的创伤和她的损失。她不应该被指望如此。宽恕也不意味着重新界定侵犯为非侵犯。这并不等于说，“它没有如此坏，它没有问题”。这是坏的，它是问题，并
p46 且否认其将贬低痛苦的经历和责任人的真正人性。

宽恕就是消解罪行和加害人侵害他人的权力。宽恕意味着不

---

① 笔者发现马里·马歇尔·福琼（Marie Marshall Fortune）关于饶恕的著作有帮助。例如，参见 *Sexual Violence: The Unmentionable Sin*（New York: Pilgrim Press, 1983）和“Justice – Making in the Aftermath of Woman – Battering,” in *Domestic Violence on Trial*, ed. Daniel Sonkin（New York: Springer publishers, 1987）, pp. 217 – 248. Cf: Jeffrie G. Murphy and Jean Hampton, *Forgiveness and Mercy*（Cambridge, England: Cambridge University Press, 1988）and Tomas . R. Yoder Neufeld, “Forgiveness and the Dangerous Few: The Biblical Basis,” address to the Christian Council for Reconciliation, Montreal, Quebec, November 18, 1983。

莫顿·麦卡伦 – 佩特森（Morton MacCullum – Paterson）认为，饶恕包括放弃以牙还牙，交托给饶恕的上帝。饶恕这个词在《新约全书》中是指交托和放弃。参见 *Toward a Justice That Heals*（Toronto: The United Church Publishing House, 1988）, p. 56。

② 感谢戴夫·沃思（Dave Worth）作出这种有益的区分。

再让侵害和加害人主宰。如果没有这种宽恕的经验，没有这种结束，伤口将溃烂，侵害将占据我们的意识和我们的生活。侵害和加害人仍在控制被害人的生活。那么，真正的宽恕是一种赋予权力和康复的行为。它允许一个人从被害人转向正常生活的人。

有可能以其他方式帮助被害人摆脱受害的阴影。有些被害人试图以“生活好”来这样做，感觉悲剧以后生活成功是最好的报复。“我会向他们展示”作为方法，这样也不是没有心理的价值，但是，这种应对方式仍将侵害行为和加害人置于中心。此外，宽恕允许经验成为一个人生活经历的一部分，以一个重要方式成为一个人传记的一部分，但是不能让它继续控制一个人。

某些条件将帮助宽恕发生。表达责任、悔恨和悔改，就加害人而言可能是一种有力的帮助。然而，对大多数人来说，一个必要条件是来自他人的和正义体验的支持。祈祷是这种“愈合的记忆”的重要组成部分。一个或一群担当牧师角色的人可以听到供认并提供赦免。我们所有人，尤其是基督教教堂里的会众，有责任营造一种能发生这种情形的环境。

正如笔者刚才所说，正义的体验是多方面的。其中一个方面是在圣经的悲恸概念中获得的，并在一些赞美诗中被表达出来。神学家沃尔特·布吕格曼（Walter Brueggemann）在教堂的演讲，已经对它进行了充分描述： p47

> 我们走向成熟的方式是将所有负面性全然曝光。我可以看到神甫站在旁边并说：“你呈递所有的负面性吗？还有吗？”并且我发现：如果我真的可以这样做，我真的可以重获新生和自由。但假如我们不练习悲恸，假如我们不练习带它到上帝的宝座言语，我不得不为了我的余生与负面形影相随。我们活在这个世界，人们等

> 待一个对着上帝神圣的耳朵说话的机会。奥秘的是假如你诚实地对上帝倾诉，上帝也不会被吓逃、不会生气或疏远，而是上帝的临近……在我们压抑的文化中的很多人需要不断允许诉说他们的愤怒、仇恨、伤害和恐惧。如果没有充分经过他们之前遭受的损失、伤害和痛苦，人们不会说赞美诗一样的自由、赋权和活力，关怀的任务是授权人们说某类话，从而使之成为可能……
>
> 教堂的事务不是要说某事好，而是说实话。有时唯一的真相就是伤害。诗篇 88 就是那个时代的赞美诗。该诗篇在今晚能够展现的唯一真相就是受到了伤害而且最好把它表达出来。第二天可能是复原的时间，但这只会发生在将伤口有所暴露之后。诗篇 88 在存在难以言状的生活片断这一痛苦事实面前不会退缩。①

教堂在这一过程中具有重要责任。不幸的是，它太过经常地
p48 想要回避伤痛、免除悲伤。但同时它又迫使被害人去宽恕。被害人因存在针对罪犯、社会和上帝的愤怒和敌对的自然情感，所以他们一直不愿意原谅。

如果被害人需要宽恕的体验，那么加害人同样也需要。否则他怎么能够找到解决其罪责的办法？否则怎么可能让他开始新的生活？否则怎么能够开发他健康的身份意识和自我认同意识？否则他怎么能被挽救？

与流行的观点相反，加害人往往为自己的侵害行为感到内疚。然而，罪责感可能严重威胁一个人的自我价值和自我认同意

① 转引自“A Reflective Analysis on Reconciliaton as It Relates to Criminal Justice，”未刊稿。

识。一项研究得出结论：加害人被描述为有极大恐惧的特征，而他们最大的恐惧是个人无用的“零状态”。[①] 因此，加害人使用各种防御技术以回避罪责并维护他们的自我价值感。

一种被叶礼庭称为“无罪战略”的方法，将用来转移或否认加害人的罪责。[②] 他们会说，“每一个人都是这么做的”，被害人可能“应受惩罚”或有能力承担损失，他们被激怒而掩盖理智去推脱罪责。他们可能采用社会和心理决定论来争辩：“我堕落是因为我被剥夺。”同样，加害人执迷不悟的倾向，即他们自己的经验，或许是将他们自己与有罪负担隔离的一种方法。

为了自己的生活，有些加害人甚至发展到对有关他们是谁和 p49
他们做了什么产生了详细的幻想。有些加害人，通过在有罪的人与自己的其他部分之间划定严格的界限，几乎变成了双重人格的人。

我相信，加害人在罪行背后有很多愤怒要表达。加害人接受罪责，成为自己的愤怒。加害人否定罪行，可能引起他人愤怒。无论哪种方式，这种愤怒都具有极强的破坏性。

有些人认为，罪责必须通过惩罚来减轻。通过接受一个人的惩罚，债务被偿还，罪责因此结束。然而，不管理论上是否真实，现实中的事情通常不是以这样的方式发展的。如果惩罚将减轻罪责，那么，它必须被视为合法的和应得的。不过，这在现实生活中是很少见的。此外，罪行是对社会的冒犯，欠社会的债务对加害人意义不大。这过于抽象，并且他们自己对社会的认同太有限。

---

① David Kelley, “Stalking the Criminal Mind: Psychopaths, ‘Moral Imbeciles,’ and Free Will,” Harper’s, August 1985.

② Ignatieff, “Imprisonment and the Need for Justice.”

我们缺少对侵害所产生的债务已经偿还，并且罪责已经结束的承认。正如伊格纳季耶夫指出，宽恕将免除债务，相当或优于惩罚。然而，我们假设：我们必须惩罚，然后才有可能宽恕。在实践中，我们实行惩罚，而带来损害又令人感觉与之不匹配，然后又拒绝给予宽恕的机会。

新的生活既需要宽恕，又离不开认罪。对于真正的加害人，他们必须供认错误行为，承担他们的责任并且承认伤害。只有这样，才可能悔改，使一个人的生活转变，并开始新的生活。认罪悔改对加害人康复是关键的，但是它们也能使被害人的创伤愈合。

p50 所有这些——悔改、认罪和被上帝或被害人宽恕——都没有消除加害人的侵害行为的后果。恩典并不廉价，对被害人应当负有的责任也仍然存在。然而，拯救和自由是完全可能的。

据很多牧师和监狱探访者所说，由于罪被认为是植根于自我中心的爱，因此这样的拯救之路，在于完全承认个人的罪孽和不配。①

加害人通常缺乏一定的道德意识，这种道德意识被定义为过于专注他们自己的需要，缺乏感同身受他人的能力。不过，笔者曾认为，这种过于自我关注实际上是产生于弱的自我形象，也许是自我仇恨作怪。如果是这样的话，得到治疗的一个先决条件可能是认知，即他们是被爱和有价值的，而不是进一步确认他们的无能。

总之，被害人和加害人都需要康复，并且这种康复需要宽

---

① Gerald Austin McHugh, *Christian Faith and Criminal Justice: Toward a Christian Response to Crime and Punishment* (New York: Paulist Press, 1978), pp. 172ff.

恕、认罪、悔改与和解的机会。其中一些必须在个人与他们的神、个人与他们的教堂和个人与他们的社区之间进行。此外，还涉及的是被害人与加害人之间的关系，这种关系如果在冒犯之前不存在，那么现在就存在了。

然而不幸的是，我们现行的刑事法律制度不鼓励这些和解。事实上，现行刑事法律制度妨碍了和解进程，法律程序本身也不容纳悔改，更何况是饶恕。并且在本质上鼓励加害人否认他们的罪行，并关注他们自己的情况。该制度积极地寻求将被害人与加害人隔离，鼓励他们将对方看做对手，并且阻止他们找到对冒犯 p51
行为的共同理解和解决方案。

这种观点在几年前笔者遇到的一个年轻的释放人员身上得到了证明。他在监狱服刑期间，成为一名基督徒。当他被假释委员会释放时，他报告说他们警告了他："我们知道你已经成了一名基督教徒，这可能意味着你要回去，并设法向被害人改正错误。假如你靠近被害人，你将立即回到这里!"可理解的反应，或许，仍是悲哀。

权力的问题

被害人与加害人所体验到的个人权力和自主问题是犯罪和司法的核心。

加害人否认被害人的自主权，在很大程度上成为被害人的心理创伤。要恢复健康，我们需要拥有对自己生活和命运的一些自主权，经历这种突然、任意、令人恐惧的自主剥夺，会强烈地使人失去人性。加害人使被害人成为死物、"东西"，抢夺被害人的生活自主权力，这是一种非常卑劣的做法。

当人们被剥夺了自主感觉之类的基本的东西时，他们会设法重新拥有它。被害人需要重新获得这种自主感，并且他们以各种方式去得到。对于一些人来说，只需要通过克服、成功活着和成为幸存者来重新获得这种自主感；对于另一些人来说，需要采取保护措施，或者以其他方法恢复他们属于自己的生活，以重新获得这种自主感。有些人企图通过满足报复和惩罚的要求来重新获得这种感觉；有些人能通过基督教的宽恕行为获得赋权。无论如
p52 何，个人权力的问题——被剥夺和重新拥有——对于被害人的体验是基本的。

这个问题也是加害人体验的核心。许多人觉得无能为力和毫无价值。在我们的社会中，作为加害人的男性年轻人经历了这种对个人权力的剥夺感，因为男子气概经常被等同于权力。一种满足这种对自治的渴望和应对被社会变成“被害人”的感觉的方法，是找到另一个被害人加以主宰，监狱里的同性强奸就是这样的一种情形。但是，也有许多犯罪是扭曲一个人的权力和价值，是一种维护和表达自己的笨拙方式。

在我们的社会里真的如笔者所说人们享有很有限的权力吗？当然，这种说法违背了奖励个人能力的美国神话。所有那些有能力并愿意努力工作的人都能够有所成就。假如他们不这样做，是他们自己的错。此外，他们的成功是以物质财富来衡量的。权力和财富是成功和成功价值的基本尺度。然而，无论这种个人选择的神话和奖励是否是真的——这对许多人来说这种情况是值得怀疑的——至少少数穷人相信这是真的。

笔者常想：在我们的社会中，下层与中上层阶级之间真正的分界线，与其说是教育和财富本身，还不如说是自己的选择和权力。我们大多数在中上层阶级家庭成长的人越发相信：我们基本上是自己命运的主人。尽管可能有障碍，并且与此同时，运气或天意发挥其作用，但我们相信：其实我们拥有真正的选择权，一

些真正决定自己命运的权力。

许多穷人不相信这一点。按他们的观点，无论发生什么，更多是因为机会，而不是他们做了什么事。假如成功来临，与成功 p53
相关联的是运气而不是努力工作。假如他们因为犯罪而被捕，更多的是运气而不是他们做了什么事。不管他们是否拥有权力作出真正的选择，许多人不相信他们有权力作出选择，这就是关键之处。因此，对于一些人来说，犯罪可能是维护控制自主感的方式，反之亦然。

很多人士相信事与愿违多于自主将来，这种信念对阻吓作用有重要启示。人们一定要相信基于选择出来的行为是会带来后果的。但帕克·罗斯曼（Parker Rossman）访问了犯事的年轻人得出不同的图画。①

每天这些年轻人看到无辜的人被逮捕，看到有罪的人获得自由。在他们的心里，罪行与惩罚之间关系不大。相反，他们认为惩罚如雨。有些日子下雨，有些日子没有。雨同样降在正义与不正义的人的头上。他们中的大多数期望在他们的生命中，经历逮捕和惩罚。像他们余下的前途，恰好发生的事情在很大程度上受不可抗拒的力量所控制。

在我们的社会中，许多人缺少个人权力意识，而犯罪可能是主张这种权力的方式。在这种情况下，我们给那些为了维护他们自身权力而剥夺他人权力的人的处方是古怪的做法：我们进一步剥夺了他们的自主意识。整个司法系统为做到这一点，而给加害人留下国家拥有权力而他们自己缺乏权力的深刻印象。他们被视 p54
为这个问题程序中的马前卒。然后，他们被送进监狱。除非他们

① Parker Rossman. *After Punishment What*?（Cleveland, Ohio: Collins, 1980）.

能够从扭曲的监狱亚文化中获得一些自主意识，否则他们会被进一步剥夺权力和有价值的意识。因此，他们因为被害人抵制受害，同样加害人也抵制“矫正”：因为加害人被剥夺了自主意识。那么，我们怎样期望加害人将出现有价值意识，而不依赖于对他人的支配呢?①

同样，被害人也被刑事司法程序剥夺权力。他们的需要被忽视，并且被排除出程序，由此，加深了他们的受害感。

被害人和加害人在刑事司法程序中都被剥夺了权力，这都带来了有害的后果。但是，在程序中权力的单向性还有其他可能的影响。权力集中可使一个人陶醉，使其把自己凌驾于法律之上。这种集中的权力，与在教育和社会地位上的差异相结合，通常阻碍起关键作用的人（不管是被害人还是加害人）认同无能为力者。相对于自己的观点，他们往往更不愿意听取他人的观点。检察官和法官的权力集中可能使问题加剧。

总之，犯罪可能是加害人维护权力的方式，并由此获得个人的价值感。然而，在他们犯罪的过程中，他们剥夺了被害人的个人权力感。为被害人恢复整体性，这种自主意识必须归还。为了确保加害人的整体性，他们必须不是基于压服别人而发展自主意
p55 识。然而，当集中的权力危险地掌握在少数人手中时，刑事司法程序使问题更复杂，既剥夺了被害人的合法权力意识，又剥夺了加害人的合法权力意识。

现在，让我们探索在不同条件下，被害人与加害人体验间的相似之处。法官查林注意到许多加害人出现在他面前时的一个特

① 对权力问题的研究颇有助益的著作是 Richard Kom, “Crime, Criminal. Justice, and Corrections,” University of San Francisco Law Review, October 1971。

征，按社会标准，他们是输家。① 认为自己是输家的人，比其他人更可能通过犯罪来维护他们自己的身份，他们也不大可能害怕后果起到阻吓作用。查林得出结论，威慑对那些最需要它的人没什么阻吓作用：就是那些失败的人，那些至少有损失的人，那些最少可能关心逮捕和惩罚效果的人。

至于被害人，挪威犯罪学家尼尔斯·克里斯蒂（Nils Christie）指出：受害本身不是“一件身外物”。② 更确切地说，它与参与者的情境解释有关。倘若同样的经历，有些人可能定义自己是被害人，其他人可能定义自己是失败者，还有其他人可能认为自己是胜利者。毕竟“被害人”如何解释其处境取决于很多因素。如果他们能确定自己被侵害，并能确定怎样被人侵害和被谁侵害，他们大多可能认定自己是被害人。此外，有些人习惯于失败，也是被害人。如果他们不能清楚地确定他们怎样被侵害和被 p56
谁侵害，他们可能用另一个失败作为相同的经历解释，以进一步表明他们是失败者。

克里斯蒂和社会学家理查德·森尼特（Richard Sennett）及乔纳森·科布（Jonathan Cobb）都认为，我们的社会趋向鼓励社会底层的人把自己看成是失败者，而不是被害人。③ 工人阶级的孩子倾向于把他们的失败，不是作为社会对他们制约的证据，而是当做个人的失败。为此，尤其是穷人往往会自我定义为失

① Dennis A. Challeen, *Making It Right* (Aberdeen, South Dakota: Milieus and Peterson Publishing, 1986), pp. 21ff. and 43ff.

② Nils Christle, "The Ideal Victim." Unpublished lecture given at the 33d International Course in Criminology, Vancover, British Columbia.

③ Jonathan Cobb and Richard Sennett, *Hidden Injury of Class* (New York: Cambridge University Press, 1977).

败者。

那些确定他们自己为失败者的人，可能将实施犯罪作为维护自主意识和给自己赋权的方式。然而，由于他们习惯于相信他们没有权力决定他们自己的未来，并且相信他们身上发生的事情是“碰巧”，他们不可能被惩罚的威胁所吓倒。结果会怎样呢？另一个被害人阶层的形成：犯罪被害人。

这些被害人中的有些人将自己视为犯罪被害人，但有些人不会这样认为。那些习惯于逆境和经历日常犯罪的人，很可能将自己看成是失败者，认为他们的生活不受自己控制，视犯罪为一种更大的不幸。受害只是证实了他们的困境。在这一群体中将出现更多加害人，如此循环往复。

犯罪的神秘化

一个年轻人抢劫并打伤一名年轻妇女的案件，在社会上得到
p57 了相当关注。然而，如大多数这样的案子，事件和参与人被法律程序和媒体报道所改变。

实施这一伤害行为而致人受伤的年轻人变成了罪犯，并由此按照抽象的、有成见的方式处理。受伤的年轻女子成了被害人，但她的需求可能很少受到关注。事件成了犯罪，以象征性的和法律的措辞描述和处理，令真正卷入事件的人一头雾水。整个过程是迷惑不解的神话，并由此成为服务于媒体和政治进程的有用工具。

“犯罪”在媒体报道中是突出的。研究已经发现“犯罪”之所以达到这种程度，是因为媒体推销。人们被媒体报道的犯罪吸引达到了耸人听闻的程度，不过突出的报道量也是因为这种报道是“容易新闻”。不像许多其他新闻，有关犯罪的新闻容易得

到，记者只需要保持与警察和检察官联系。但是，这种“新闻”常常是不加鉴别地获得的，犯罪新闻往往是毫无疑问地接受自官方，并且不经独立的审核。为了保持获得这样的消息来源，需要记者与警察和检察官保持良好的关系，而这不鼓励报道的客观性。因此，犯罪新闻是通过法律程序和专业的眼光看的。这样的新闻不仅是片面的，而且倾向于鼓励犯罪被抽象化和神秘化。

犯罪也是政客的重要工具，它可以成为重要的棍棒。政客对犯罪的定位是一种确定自己在社会中位置的至关重要的方法。你是严打罪行的现实者吗？或者你是温情的理想主义者吗？有关罪案的声明是双方采用的手段，如同我们在 1988 年美国总统选举中看到的。

然而，在我们所谓的“犯罪”背后的伤害和事件迷失掉了。
其过程被神秘化，被当做神话，直到远离生活为止。在这样的程 p58
序中，我们都变得更可怕。

所有这些都对我们的社区意识有影响。当面对犯罪时，我们有不同的选择。我们可以团结在一起防御、对抗“敌人”，这样社区意识可以增强，但它是具有防御能力的、排他性的、对社区构成威胁的。另一种选择，我们可以从社区退缩至家庭的堡垒，结果是不信任其他人，这样本来脆弱的社会意识将被进一步侵蚀。

总之，如何回应不法行为的问题，对我们的未来有重大
影响。 p59

第二部分　司法的范式

第五章　报应性司法

在整个刑事司法程序中，被害人和加害人的创伤与需要都被忽视了。更糟糕的是，伤害可能会加剧。

在整个程序中，犯罪现象变得比生活更大。犯罪被神秘化和神话化，成了一种很容易被政客和媒体操纵的符号。

在过去几个世纪里，许多人企图改革这个程序。有些“实在不行”的结论，或这些改革努力没有带来好的结果是不准确的。不过，如果不说大多数，那么至少许多已经误入歧途。他们有过各种意想不到的后果。用来努力达到目的的改革与最初的想象已经很不相同。监禁原本作为一种死刑和肉刑的替代性措施而被推广。监禁是满足社会对惩罚和保护的需要，同时鼓励罪犯改造。监狱被采用没有几年，就成了恐怖的场所，并导致了监狱的改革运动。

承认监狱的不足和滥用很快导致对监狱“替代性措施”的 p63

搜寻。[①] 许多替代性方案被推荐，但它们的历史并不令人鼓舞。它们被频繁地作为其他“替代性措施”的替代性措施，而不是作为监禁的替代性措施。在绝大多数情况下，替代性变成没有采取任何正式行动。当“替代性措施”扩大，还有受国家控制和监督的人的数量增加时，监狱人口继续增长。控制和干预之“网”已经扩张、加深并延长，但对犯罪没有明显的影响，并且没有满足被害人或加害人的基本需要。

为什么这是真的？为什么那些卷入犯罪的人的真正需要——不管违法还是违法者——在“正义”的程序中如此不相干？为什么为改变这种格局意图通过改革达到的变化经常不成功？这些问题的答案在于我们对什么是犯罪和司法意义所在的共同理解。除非我们解决了这些基本定义和假设，否则真正的变化是不可能的。

其实，对有关什么是犯罪和正义有共同的假设吗？从表面上看，我们发现有相当大的分歧，甚至在刑事司法专业人员之间，如在有关什么结果是适当的和为什么是适当的方面，法官们的观点显示出巨大的不同，这是判决严重缺乏统一性背后的主要原
p64 因。观点和主张的多样性已经被研究所强调。该研究先给予法官相同案例，然后要求他们表明他们的判决会是什么。结果的差别是惊人的，每一名法官、检察官和缓刑官根据他或她自己对什么

① 有大量关于“替代性措施”的历史及其影响的文献已出台。例如，参见 David T. Rothman, *Conscience and Convenience: The Asylum and Its Alternatives in Progressive America*（Boston: Little, Brown, and Co., 1980）and M. Kay Harris, “Strategies, Values, and the Emerging Generation of Alternatives to Incarceration,” *New York University Review of Law and Social Change*, XII, No. 1（1983 – 84）, pp. 141 – 170。

是适当的理解进行操作，而这种理解会有显著不同。

所以，要了解对不同犯罪应该如何做。在美国，人们通常用自由或保守的言语作为弄清这种多样性的方式。的确，我们期望保守者应对犯罪要快，要坚决，并且要予以严厉的惩罚。他们贬低保护“罪犯”权利的规则，并且强调当罪犯扭曲他们的境况而选择侵害行为。我们期望自由主义者更关注罪犯的权利和境况。我们认为自由主义者和保守主义者有着完全不同的对待犯罪和司法的方式。①

然而，两种“对立的”方法，事实上相互之间不可能有非常大的不同。通过细致分析我们发现，我们当中大多数人分享超越自由主义者和保守者标签的假设和理解。这些假设中有一些包含在刑事法律中，而有一些并没有。重要的是理解它们是什么。

当我们确认某种行为为犯罪时，一些基本的假设将对我们的反应产生重大影响。我们假设：

1. 罪行必须被确定。
2. 他们的犯罪必须得到“应有的惩罚”。 p65
3. 应有的惩罚需要施加痛苦。
4. 法律制裁通过程序来权衡。
5. 违反（刑事）法律界定为犯罪。

让我们更详细地看看这些假设。

---

① 自由主义者的方式和保守主义者的方式在下述著作中得到颇有助益的探究：Elliott Currie，*Confronting Crime*：*An American Dilemma*（New York：Pantheon Books，1985）. Cf. Nils Christie，“Crime，Pain，and Death” in *New Perspectives on Crime and Justice*，Issue No. 1（Akron，Pennsylvania：Mennonite Central Committee，1984）。

确定责任

罪行问题是整个刑事司法程序的中心。确定罪行是刑事司法的中心活动，于是每一件事都朝着这一中心移动或从那里向外流动。

由于确定罪行这一事情如此重要，而且后果如此严重，因此，有详细的规则对这一事情加以规范。一旦罪行被确定，就会关注程序保障和权利的缩小。

以罪行为中心意味着案件的真正后果较少得到关注。法律训练集中在与罪行有关的规则和程序中，并且，法律学生很少得到接受审判—商谈或安排有关方面的训练。因此，少数法官，甚至更少的律师常进行有关恰当的刑事案件的结果的培训。

我们全神贯注于确定责任意味着我们趋向于面向过去。发生了什么？谁实施了犯罪？这些问题优先于需要解决由犯罪造成的（或由于犯罪引起的）问题。结果，法律专家花很少时间在预防此类问题将来再次发生，并能为此做些什么。

有罪概念导向下的司法程序是狭隘的、高度技术化的，其本质主要是“客观的”或描述性的。被告人实施的行为如法律所描述的犯罪行为吗？是他或她意图要犯的吗？行为违反法律了吗？法律上界定的犯罪只是要求被指控的人是否真的实施了所指
p66 控的行为，并且假如这样的话，他或她是否在法律上负有责任。

在法律体系中，犯罪和罪行问题是根据法律条文确定的，与被害人和罪犯的真正体验有很大区别。法律指控似乎与真正的违法行为几乎无关系，并且有罪和无辜的表达方式似乎与真正发生了什么少有关联。正如几个法律系统辩护者最近所承认的，“法

律上的罪行，不是真正的罪行，是刑事司法程序的基础”。①

这很快被用于被告的定罪。他被控告的某事或许听起来与他实际所做的完全不同。指控或许是他的律师和起诉人之间协商的结果。即便他实施了违法行为，他也可能不是在法律上有罪，而且可能被建议诉请“无罪”。由此，他可能会相信他事实上无罪。纵然他在法律上有罪，他的律师也可能叫他在某些地方诉请“无罪”。在法律条文中，“无罪”是人们所说的“我想开庭审理”，或“我需要更多时间”。所有这一切趋向于使有罪和无辜的经验和道德的真实性变得模糊不清。

法律上的有罪问题是一个非此即彼的问题。违法的严重程度可能会变化，但是最后却不会达到罪恶的程度。某人是有罪的或无罪的。有些人必须赢，有些人必须输。克里斯蒂恰当地确认了影响：我们将法庭看做是教导和维系社会规范的，但实际上它们还教导隐藏的信息，即可以对人以简单的二分法进行评价。② p67

虽然法理学家的有罪概念是技术性的和描述性的，但罪犯可与专业人员相联系的观点是神学家汤姆·约德·诺伊费尔德(Tom Yoder Neufeld)称为的“规范”。这一有罪或责任的概念自身更多关系到解释为什么发生违法行为，重点是其因果关系和

① Donald R. Ranish and David Shichor, “The Victim's Role in the Penal Process: Recent Developments in California,” *Federal Probation*, XLIX, No. 1 (March 1985), p. 55.

② Nils Christie, *Limits to Pain* (Oslo, Norway: Universitetsforlaget, 1981), p. 45.

可预见性，通常在社会的和心理的方面。①

例如，心理学家解释罪行概念可能既非依据法律条文，也非依据道德规则。事实上，她完全避开了这一概念。更准确地说，她将审视什么心理因素导致这一行为，可能把违法行为视为疾病或严重机能失调的证据。同时，社会学家将关注家庭、社区和大社会中的社会力量的类型和起因，而法理学家将把罪犯视为或多或少进行意识选择的自治的个体，社会和行为科学家将至少把犯罪部分视为对多种大的影响力的反应。这种观点提出了在罪犯何种程度上承担个人责任的问题，在多大程度上他是被害人而不是罪犯。

当法理学家和社会科学家之类的专家以他们自己的方式考虑罪行问题的时候，第三种观点将影响大多数人，包括刑事司法官员的想法。这一观念更加注重道德或“归责性”。流行的观点认
p68 为，罪行不只是描述行为，还是对道德素质的说明。罪行表明有关一个实施了违法行为，并且具有“玷污了”的、擦不掉的特征的人的大致素质。有罪附随着一个人，多少是永久的，很少可以清偿。它经常变成一个人主要的和确定的特征。一个人被裁定犯有偷窃之罪就成为窃贼，是一名罪犯。一个在监狱度过刑期的人就成为一名出狱人，一名释放犯，一名前科罪犯。这成了他或她身份的一部分，并且很难去掉。

---

① Tom Yoder Neufeld, *Guilt and Hummanness*: *The Significance of Guilt for the Humanization of the Judicial - Correctional System* (Kingston, Ontario: Queen' s Theological College, 1982). Cf. McHugh, Christian Faith and Criminal Justice, Chapter 7, and Patrick Kerans, *Punishment vs. Reconciliation*: *Retributive Justice and Social Justice in the Light of Social Ethics* (Kingston, Ontario: Queen's Theological College, 1982).

笔者在前面案例中描述的年轻罪犯将长久地受到违法的影响和标定，而不管他具有或可能发展出什么样的良好素质。他已经违法的事实将确定他工作的可能性，他职业的潜力，他余下的生活。他的罪行可能是决定性的，而不是他的其他素质。即使他服刑完毕，清偿了“对社会的债务”，但在刑事司法程序中没有什么东西会允许他抹去那个污点。

还有，罪行的法律概念是非常技术化的和远离现实生活经历的。不管怎样，许多在具体案件中操作的罪行概念，对于某一罪犯可能是非常莫名其妙的。他的律师将根据技术性的条款，告诉他有关罪行，并且程序可能鼓励他否认他的罪行，除非他在法律上是有罪的，或者没有其他选择。同时，他可以会见心理评估人员或治疗专家：他们帮助他以心理学的方式了解他的行为，或许减轻他的个人责任意识；另外，他可能偶然碰见一名监狱牧师，他将谈到道义上的责任，并且宽容、善解和原谅。这名牧师可能暗示他的罪行是真的，不仅仅是技术性的，而且决议是可能的。
接着，将有其他人，诸如反映流行罪行观念的监狱守卫，暗示不 p69
仅他的罪行是真的，而且除掉它是困难的。事实上，他是“邪恶的”。

罪行真正意味着什么？一个犯了罪的人怎样能够搞清它的意思？他或她是真正的罪犯或被害人吗？他是真正有罪的吗？他让罪行过去并重新开始可能吗？正如纽费尔德（Neufeld）指出，罪犯不断地面对罪行的专门用语，但他否认这种表达方式，并拒绝明确含义以搞清它的意思。此外，解答机制是缺乏的。

支配我们对犯罪反应的法律的和流行的罪行概念是不清楚的，甚至是矛盾的，但是有一点是他们共有的：他们是非常个人主义的。西方法律和价值标准往往取决于一个人作为自由的道德施动者的信念。假如有人犯了罪，她是故意任性地这样做。惩罚因此是应得的，因为这是一个人自愿的选择。个人是单个地和分别地承担责任。罪行是个别的。

人类自由和个人责任的基本假设是重要的。简单的决定论显然是不够的。我们依然假定西方文化中的自由和责任，在做法上仍然是有问题存在的。

许多证据表明罪犯往往不是自由地采取行动，或者至少不认为自己能自由行动。正如笔者前面章节中提到的，我们社会的许多人并不视自己为自由的施动者，能主宰他们自己的生活。相反，他们认为自己是被几乎不可抗拒的力量所塑造——不管是社会的、经济的或凑巧的。人类自由的观念和由此产生的责任，在这种情况下，不可避免地呈现出不同的色彩。

罪行和责任的原子论认识也不能考虑到行为的情况。虽然我
p70 们每个人为我们作出的选择负责，我们自己发现社会的和心理的情况肯定影响我们现实和潜在的选择。行为的社会、经济、政治和心理背景确实重要，但是，我们的个人主义的罪行观念往往忽视这些背景。

作恶的动机要比我们的个人主义的解释更加复杂。基督教的使徒保罗（Paul）当然知道作为不法行为的责任的复杂性。当他假设人类作出选择并对他们的行为负责时，他承认：一个作为完全自由的施动者的简单图像，并没有公正对待邪恶的蔓延和力量。在第七章保罗给罗马人的信中，他苦苦思索自己生命中的邪恶力量，告诉他自己做不应该做的事的倾向。并且认为现实的和潜在的自由之间存在着区别，领略到自由是一份礼物，而不是一个人本身内在的。不法行为可以是一种行为模式，由各种力量形成，有些是选择的结果，而有些不是。这种模式可能难以打破。

由于罪行和自由的个人主义观念，我们假设个人作出的选择是自由的，并且能预测这些选择的结果。我们假设该人已考虑到

罪行与自由而改变了他或她的行为，但这个假设忽视了一个人是否相信自己具有这种自由的问题。它假定他们有能力预见长远的影响，进而，它预期他们在行为和结果之间建立联系。再者，它忽视了作为复杂模式的不法行为的性质。最后，它忽视了行为发生的社会、经济和心理背景。因此，对罪犯的司法审理便没有考 p71
虑到社会公正和威胁现状。惩罚可能是理应得到的，不管社会背景是否是公正的。

或许在一个以物质和社会成就界定价值，并且定义成败纯粹依个人条件的个人主义的和竞争的文化中，这种罪行和责任观点是不可避免的。人们根据一个人获取的财富和权力，对他们进行评价，那些未能获得好的评价的人便要承担个人的责任。他们不仅是迷失，他们还是输家。同样也是如此的罪行，罪行被定义为个人的失败，个人行为的背景被忽视了。罪犯有各种选择，并且已经接受了不法的行为而被标签为有罪。

总之，责任的确定是认识司法的核心。司法活动是一种以有罪和无罪问题为主的戏剧。审判和认罪构成了戏剧的中心，伴随的判决则作为戏剧的结局。结果，司法只关注过去而对将来是不利的。

法律观念引导下的司法程序是非常具有技术性的和抽象的。这使得犯罪分子更容易避开为他们的行为承担个人的责任。这种司法程序也使被害人沮丧，他发现法律描述的事件很难与他们自己的经历相一致。被害人和罪犯都被迫讲“规则”语言，根据条款而不是他们自己定义现实。

由于罪行是狭义的，以个人行为为中心的，它允许我们对犯罪的社会和经济根源及背景不予理会，由此，我们试图通过忽略许多有价值的变量来实现正义。此外，由于被认为有罪的非此即 p72、
彼的条件，它鼓励趋向于将事情视为好的和坏的，他们和我们以

这种简单化的方式认识世界。司法变成了罪行的戏剧，让我们简单地认识世界的道德剧。

但是，罪行的法律概念与几个其他概念一起运作，这一事实本身会给参与者造成混乱，并且可能有助于罪犯否定由犯罪行为引起的责任。其中有些假设，诸如擦不掉的有罪的素质，对罪犯具有严重的、长期的影响。

罪犯需要对他们的行为承担责任。追究责任的一个方面是认识并为不法行为承担责任。然而，我们的罪行概念，最好的状态是无法推动这种问责，而更坏的状态则是使问责变得愈加困难。缺乏一个解决有罪的程序会促使人们使用“开脱罪责的策略”，如作为屏蔽自己这种罪行的沉重负担的方式的合理化和偏见，或者，可以鼓励罪犯实现在标签中固有的预言。

当程序关注被告的罪行和责任问题时，程序趋向分散后果的责任，并且否认违法的集体责任问题。鼓励关键的决策者（律师、检察官、法官和缓刑官）视自己为执行法律，履行职责。促使他们务必使一个案件结果的责任属于“制度”。这意味着，那些“制造”正义的人可能否认结果的个人责任。他们还被劝阻承认他们与罪犯有一个共同点，大家都是人。

在有关加拿大刑法的一篇论文中，雷纳特·莫尔（Renate
p73 Mohr）说得好：

> 我们怎样惩罚？这是在以没有任何一个人可以用剥夺另一个人自由承担责任的方式来实施惩罚。刑事司法系统被狡猾地设计为一系列考虑周到的、自我封闭的隔间。提出指控的他，对指控讨价还价的他，宣判判决的他及执行判决的他是完全不同的人，他们相互间或与被告人很少或没有接触。我们有一个密封法官隔间的特殊

> 的措辞。完成了施加惩罚的工作，他们成了“履行职责”。这意味着他们不需要，实在不应该关心任何进一步的由他们强加给另一个人的惩罚的痛苦。因此，程序确保暴力可以每天对其他人实施，而没有任何人必须对此承担责任。①

报应和痛苦

一旦罪行确定，第二个假设将开始发挥作用。我们假定罪犯必须接受对他们的“报应”。罪犯必须罪有应得。正义必须算账，“以牙还牙”。犯罪所产生的道德债务必须偿还，并且正义是一种恢复平衡的程序。这就好像在宇宙中有一种超自然的平衡被打破，并且必须被修正。

这种正义概念趋向关注抽象的特征而不是实施的伤害。它假定在每个案件中算账需要什么是可知的并且是可实现的，还假定恢复平衡、偿还债务需要的是惩罚。刑事司法官员认为他们的工作是给予行为人轻重恰当的惩罚。鼓励罪犯相信通过接受对他们 p74
的惩罚，他们正在偿付对社会的债务。

经仔细考察，罪犯发现很难通过接受惩罚这种方式感觉到真正“支付其债务”。“偿还”是极其抽象的，并且当债务被支付时，没有公开的决议。偿还对社会较少益处，其实它真正花费的是社会的钱。事实上对罪犯来说，“你已经伤害某人，所以我们

① Renate M. Mohr, “A Feminist's Analysis of the Objectives and Alternatives Re: Punishment,” an unpublished paper presented to the Conference on Feminist Perspectives on Criminal Law Reform, Ottawa, Canada, 1987.

也将通过伤害你使恢复平衡”，这只是在这个世界增加伤害的数量。

定罪和处罚是司法系统的两大支点。人们必须忍受他们引起的痛苦，因为只有施加痛苦才会恢复平衡。

我们必须诚实地使用我们的语言。当我们说有关惩罚时，我们是在谈造成的痛苦，意欲达到的痛苦。克里斯蒂已经帮助我们明白刑法其实是“痛苦的法律”，因为它是一种管理“公正的”痛苦剂量的精密的机制。①

通常我们企图隐瞒这一现实，一种试图避免痛苦的现实的文化。我们试图在我们的意识中驱逐死亡，所以我们将它交给专业人员。我们还喊其他名字：我们“过世”而不是死亡。②

与提供痛苦相伴的忧虑，通过对报仇动机的禁忌而复杂化。这反过来加剧了我们需要否认做了什么及其背后的性质和动机。

p75 我们不喜欢痛苦和报仇，当然不想被视为施加痛苦者，所以我们隐藏和掩盖痛苦。然而，当我们实施“正义”时，这就是我们做的，我们使犯罪分子遭受痛苦来对犯罪作出反应。

所以，我们将惩罚交给专业人员，由他们在我们的视线之外执行惩罚。我们模糊了惩罚的各种根本原因和条件的现实情况。我们谈论“惩教中心”而不是监狱，说到“矫正官员”而不是狱警。

我们为施加痛苦想出了多种理由，有时我们这样做是以治疗的名义，作为一种康复的手段。我们这样做常常为预防犯罪，吓阻罪犯（“个别威慑”）以及通过同样恐惧的惩罚后果以劝阻其他潜在的罪犯（“一般威慑”）。我们以威慑的名义管理痛苦，其

---

① Christie, *Limits to Pain.*

② Christie, *Crime*, *Pain and Death.*

实，不管这样的威慑是否真正发挥作用这一实质性问题，我们以威慑的名义管理痛苦，不管为可能阻止一个人犯罪的目的，而给予另一个人施加痛苦的道德问题。我们管理痛苦，即使它与被害人的需要或者参与不法行为的问题没有多大关系。北爱尔兰的约翰·兰彭（John Lampen）评述，我们管理痛苦，因为我们接受的教育使我们相信：耻辱和痛苦是关于什么是正义和邪恶必须通过严厉而不是爱或体谅受到抑制。①

具有讽刺意味的是，这一对施加痛苦的关注，可能干扰了第一个重点——确定罪行。由于惩罚的威胁，罪犯不肯承认真相。由于惩罚的后果如此严重，所以必须精心制定保护罪犯权利的措 p76
施，而这些可能使真相难以获得。当潜在的惩罚被认为非常严重时，法官和陪审员也可能对宣判有罪变得不那么容易。

报应和强加痛苦的假设意味着罪犯陷入了“以牙还牙”的世界。这反过来趋向加强许多罪犯的观点和生活经历。不义的行为必须以不义的行为来清偿，并且那些不法行为人应得到报复。许多犯罪是因人们“惩罚”行为人的家庭、邻居及其他们的熟人而实施的。

关于死刑的研究没有发现其具有威慑作用的证据。一些证据表明：存在死刑事实上引起一些人杀人的例子。② 一些潜在的犯罪者得到的明确信息不是谋杀是不义的行为，而是这些不公正对待我们的人该死。罪犯必须受到应得的惩罚，与我们期

① John Lampen, *Mending Hurts* (London, England: Quaker Home Service, 1987), pp. 61, 67ff.

② 例如，参见 William J. Bowers and Glenn L. Pierce, “Deterrence or Brutalization: What Is the Effect of Executions?” *Crime and Delinquency*, 26, No. 4 (October 1980), pp. 453 – 484。

待的可能完全不同。对那些不遵守法律的人施加痛苦的威慑，一直被认为是现代法律的基础。国家的本质经常被政治学家确定为“合法的”垄断暴力。正如政治哲学家莫尔（J. W. Mohr）指出，法律的机构和方法是暴力循环的一部分，而不是解决
p77 暴力。①

程序

我们的司法程序的首要目标是确定罪行，而一旦确定罪行则施加痛苦。然而，继古罗马法确定的方向，正义是通过程序而不是结果来界定。② 程序使实质黯然失色。权利规则和程序被遵循了吗？如果是这样，正义将得以伸张。

美国的上诉程序很好地说明了这一点。只有在专门的情形下，以结果或事实为基础，对审判结果提起上诉，相反，上诉通常围绕是否执行正确的程序，上诉法院不再审查原始证据本身。

这种程序的几个特点需要注意。

程序是对抗性的。它假设并鼓励利益冲突双方对抗。通过调节对立的利益冲突，真相将最终被揭示，并且各方的利益将得到保障。它假定利益不可调和，然后，走很长一段路以确保。对抗性司法趋向成为一个自我实现的预言。

杰罗尔德·奥尔巴克（Jerold Auerbach）在他的美国解决冲突的历史中，已经雄辩地指出，这也是一个超级个人主义的竞争

---

① J. W. Mohr, “Causes of Violence: A Socio – Legal Perspective.” Unpublished paper presented to the John Howard Society conference, “violence in Contemporary Canadian Society,” Ottawa, Canada, June 1986.

② Herman Bianchi, “Justice as Sanctuary”, 未刊稿。

模型。它不仅产生于，而且帮助促进一个支离破碎的、竞争激烈的社会。① p78

这个模型具有优势，但战斗模式是其核心，是一个规范的斗争。因此，这绝非偶然，政治家和法律的实施经常使用“与犯罪作斗争”这样的语言。

在美国，自由派和保守派将重点放在哪里可能不同，但是都假设司法是由规则指导的冲突。保守派代表所谓的“犯罪控制”观点，往往倾向于将打击犯罪放在首位，优先于保障被告的人权。自由派强调个人权利为中心的“正当程序”模式。然而，双方都相信正义需要规则调节下的敌对双方间的斗争。

在这里强调规则和程序，优先考虑公平待遇作为正义的标准，其目的是被告应被同等地对待。应当注意强调平等的这两个特点：首先，更强调意图而非实际结果。在实践中，即使是近似的结果公平也很少达到，正如阐明在监狱中的种族差异和死囚人口一样。然而，只要人们不能证明有一个不公平地对待被告的意图，则质疑这些结果是困难的。

司法被想象成被蒙上眼睛的女神手持的天平，重点是程序的公平，而不是客观的情况。刑事司法程序声称不管社会的、经济的和政治的不同，企图在法律面前平等地对待所有的罪犯。由于这种程序的目的是平等地对待不平等的人，现存的社会和政治不平等被忽视和维持，但矛盾的是，司法由此可能以公平的名义维护不公平。

当司法程序与复杂的规则联系在一起时，就需要依赖专业的代理人代表罪犯和国家。相应地，这排除了受犯罪影响的个人和 p79

① Jerold S. Auerbach, *Justice Without Law*?(New York: Oxford University Press, 1983), pp. 138ff.

社区对司法程序的影响。被害人和罪犯在他们自已的案件中成为旁观者、非参与者。一个包含着它自己既得利益的庞大的官僚机构诞生了。我们的社会趋势是鼓励依靠专业人员来解决我们的问题。

然后，我们倾向于将司法定义作为战斗或游戏的程序。① 我们强调在程序中平等待人的意图，不考虑境况的平等，并且较少关心结果的公平。我们发现我们自己在复杂的程序中依赖专业的代理人。

作为违反法律的犯罪

在我们的社会，司法被定义为适用法律，犯罪是指违反法律。我们关注违反法律的行为，而不是集中于实际造成的损害，或被害人和罪犯经历了什么。违反法律的行为不是损害或冲突，而是定义不法行为，并启动司法程序。

强调违反法律是允许根据纯粹的法律条款界定违法和罪行。正如笔者前面指出的，道德和社会问题不仅是次要的，而且经常是与犯罪不相干的。除了法律可能影响的范围，不法行为的背景将不被考虑。正如克里斯蒂曾正确地指出：

p80 训练法律是训练简化。在这种情况下，是一个训练有素又无能的人评判所有的价值，并且只是选择了有关

① Cf. John Griffiths, "Ideology in Criminal Procedure or a Third 'Model' of the Criminal Process," *The Yale Law Journal*, 79, No. 3 (January 1970), pp. 359 –415.

的法律，即那些被系统内的领军人物定义的相关法律。[①]

社会的、道德的和个人的因素，只是就法律上定义为相关时才有意义的。社会正义问题很少相关。犯罪行为具有决定意义，并且它是狭义的和技术的定义。

谁是被害人？

笔者曾尝试概述5种我们描绘有关犯罪与司法的假设。我们假设：

1. 犯罪本质上是违反法律；
2. 当法律被违反，司法需要确定罪行；
3. 结果被判刑是罪有应得；
4. 遭受痛苦；
5. 通过将会受到规则制裁的冲突。

这些假设和它们的含义有助于解释我们的有些失败，但是，仍然存在另一个必不可少的要素：我们与被害人认同。

在刑事法律中，犯罪被定义为针对国家的侵害。国家，不是个人，被界定为被害人。国家——并且只有国家——可以对犯罪作出反应。

因为国家是被害人，所以刑法使罪犯与国家对抗。在实践中，这意味着一个代表罪犯的专业代理人（辩护律师）与另一个代表国家的职业代理人（检察官）相对垒，还有另一个专业人士（法官）充当仲裁人和裁决者。 p81

① Christie, *Limits to Pain*, p. 57.

由于国家权力如此庞大和公民自由的含义如此深刻，因此，复杂的程序保障是必不可少的。由于国家是如此的非人格化和抽象，因此原谅和宽容几乎不可能实现。

既然国家被界定为被害人，那么，被害人如此一贯地被排除在程序之外，并且他们的需要和愿望得到如此少的重视，也就不足为奇了。为什么他们的需要应当得到承认？他们甚至不是犯罪等式的一部分。被害人仅仅是刑事司法程序的注脚，在法律上只需要作为证人。被害人补偿和援助项目已经在近年流行，而事实上它们是应该有的。不过，直到重新审视我们的犯罪定义，我们还不能期望它产生巨大的和持久的影响。只要被害人不是犯罪定义固有的要素，我们必须指望他们比参与者有更多筹码。

司法程序不寻求被害人与罪犯之间的和解，因为被害人与罪犯之间的关系并不视为一个重要的问题。确实，如果他们两个都不是等式的一部分，他们相互的感情怎么能够被对方认真对待呢？

为此，我们作出的第六个假设或许是最重要的：国家是真正的被害人。这个假设的影响是深刻的。

犯罪是针对国家的危害。在以规则为指导的争斗中，司法由确立责任和施加痛苦构成。这一程序被假定为责任——的确，是国家的专利。

除非我们开始怀疑这些假设，我们提出的改变才可能没有多大的差别。我们基本上是一种报应性的司法模式，而这种模式是
p82 我们许多问题的根源。

第六章 作为范式的司法

在过去的一个世纪里，我们对于曾经非常确信的事物开始变得不那么肯定了。我们不再如此确信我们所谓的对于宇宙的认识精确地反映了外在于我们的客观真实。

历史的和跨文化的视角已经使我们认识到，我们对于世界的认知在多大程度上受到特定观察视角的影响。现代心理学已经揭示了人们思想与行为的潜在动机，并且证明了的确存在处于复杂交织状态的显意识层和潜意识层。因而我们必须承认，那些我们认为已知的事物，往往比表面显现得更为复杂与棘手。

曾经有一段时间，物理学似乎揭示了真实世界的本质和结构。然而，到了20世纪后半期，科学家们已不再坚信这些解释是对物质世界的真实描绘。很多物理学家也不再认为物理学的研究方法对于其他所有的研究领域同样适用。从前的科学家非常激进，追求观点的确定性，而现今的科学家则倾向于为我们认识客 p83
观世界预设一定的条件。他们正逐渐意识到，他们所研究的只是模型或范式，而非真实世界的直观再现。

模式的重要性

17 世纪以前，西方世界的宇宙观被托勒密学说所统领。每个人都认为地球以及人类是物质世界的中心。各种透明球体以地球为中心形成同心圆，行星则围绕着地球旋转。对于宇宙的这一解说契合了亚里士多德物理学中以目的与事物本性来解释运动的观点，神学和物理学正好相互印证。

人们普遍认同这一学说描绘了一幅宇宙的真实图景。一切有悖于这一观点的说法都被认为是荒谬的。虽然，这一学说在今天看来是如此的荒诞可笑，但对中世纪和文艺复兴早期的人来说却是共识。

17 世纪的科学革命创造了有关世界的全新图景，并且新的学说将人们的认识带入了现代。由哥白尼和牛顿这些先驱们所建构的新的认知框架，将太阳放到了宇宙的中心，并且认识到地球只是众多行星中的一个。这使得物理学与神学分开来了。牛顿物理学所主张的日心说看来是可行的，它给出了一个符合可经验性和可证实性的唯理的、机械的宇宙。它认为规律性是客观存在的，人们可以认识它、度量它。这就意味着人们可以通过因果关
p84 系来解释事物。于是，过去可以被看成是现在的原因，现在进而塑造着未来（但是未来不可能塑造现在）。

假设人们能够认识到正确的现象，那么宇宙就是可预测的。世界存在一个基本的规律，通过这一规律人们就能了解世界。

牛顿学说的科学进路成功地解释并预测了大量可见的、物质的世界所发生的现象。很多年来它一直被认为是对世界结构的准确描述，不仅适用于物质世界，还可适用于精神世界。这在当时是人们的共识。

然而，今天的我们开始认识到，这种理解具有无可置疑的局限性。这种局限性不仅存在于心理学之类的领域，甚至还存在于物质世界本身。

牛顿学说确实能够解释有着常规大小并以常规速度运行的物体——即“可见世界”。但是科学家们发现，当物体变小或其速度变快时，牛顿学说就不再适用了。同样，在遗传学领域牛顿学说也屡屡遭受打击。在这种情形下，可能性就取代了规律性和可预测性，未来变得难以用因果关系进行预测。在高速运转的外太空，有关时空的“常识性”概念变得越来越错综复杂，也就变得不再可行了。就这样，爱因斯坦的物理学开始取代牛顿学说，人们需要学会用不同的视角来看待这个世界。

在《爱因斯坦的空间和凡·高的天空》（*Einstein's Space and Van Gogh's Sky*）一书中，物理学家勒赛（Lawrence Leshan）和心理学家马格瑙（Henry Margenau）向我们论证了传统的“科学宇宙观”在艺术、心理学和精神领域也同样不能适用。[1] 而其他的 p85
动力学原理却依旧适用，因此，我们应当使用其他的认知方法。例如，人们可以制订将来的计划并且对自身行为作相应的调整，在此意义上将来也影响着现在。有关因果关系的观念必须受到目的观念的调整。唯理的、机械的定律是不能被假设的，我们必须依靠其他方法来描述真实世界。

传统学说在心理学领域的局限性很好地体现在了“动物心理学第一定律”上：

如果有一种具有寻常、稳定基因背景的动物在精心控制的实

---

① Lawrence Leshan and Henry Margenau, *Einstein's Space and Van Gogh's Sky: Physical Reality and Beyond* (New York: Collier Books, 1982)。这代表了范式理论研究的一大进步。本章多处运用其成果。

验室环境里培养长大，对它施以精确定量的刺激，那么该动物将会按着人们的要求去作出反应。①

勒赛和马格瑙澄清并且扩张了自然科学家曾经提出的一些观点。我们在特定文化和时代背景里对“真实”的定义不过是各种构建真实的做法。它们事实上只是模型、范式而已。在某些情况下它们可以起到解释和影响的作用，但在另些时候却不一定。这些对真实的描绘受到了我们特定需求和假设的塑造，而且可能相当不完善。

范式不仅决定了我们在自然科学领域的研究路径，而且决定了我们在社会学、心理学和哲学领域的研究路径。它们提供了认
p86 识现象的视角，决定了我们解决问题的方式，构建了我们所认为的可能性与不可能性。我们的范式构成了我们的共识，与之相左的事物就会被认为是荒谬的。

我们的范式只不过是构建真实的特殊方式，我们对于司法的报应性理解也就是这样一种建构。报应性司法范式是组建真实的特殊途径，这一范式决定了我们如何界定问题以及怎样适当解决，这是一种共识。

但它事实上也只是一种范式，与所有的范式一样，既有其特定优势，也有其局限性。

克里斯蒂准确把握了范式在决定预期方面的重要作用：

> 当人们遵照对即将发生之事的预期进行装扮时，最终会发现这种装扮增加了预期事件发生的可能性。

---

① Leshan and Margenau, *Einstein's Space*, p. 150.

关于刑事司法的制度也同样如此。[①]

范式的应用

有趣的是，我们仅仅在非常有限的情形中应用报应性范式。每天都会有大量的冲突和损害事件发生，但多以非正式或非法律途径加以解决。仅有一小部分进入到法律程序。换句话说，法律制度只是诸多纠纷解决机制中的一种，而且还很少被用到。

即便对于那些少量的进入法律体系的案件来说，绝大部分也都是通过民事诉讼途径解决的。在民事诉讼程序中，当事人只是 p87
与另一方当事人而非国家进行对抗，国家扮演着裁判员和仲裁者的角色。是否运用某一程序往往取决于相关当事人的判断，一旦找到解决方法他们就可以退出诉讼过程。

因为关注的焦点在于案件的解决而非对自由或者生命的剥夺，民事诉讼程序并不像刑事诉讼程序那样严格地加以规范。同理，对违法的定义也较为宽松。事实上，民事诉讼的要害在于义务与职责的承担问题而不是违法犯罪，因而，不同程度的责任界分也就成为了可能。结果，法律后果不太可能会出现如同刑事案件中那种两造对抗、或赢或输的局面。与刑事案件不同的是，民事案件通常会促成一定形式的补偿。

只有一小部分争议会进入到被特定化的刑法程序之中。然而一旦进入这一程序，全然不同的假定和理解就出现了。这是报应性范式所统治的领域。

“可犯罪化”之争议与损害案件的比例是很小的，其中更是

① Christie, “Images of Man in Modern Penal Law,” *Contemporary Crises: Law, Crime and Social Policy*, 10, No. 1 (1986), 95.

只有一小部分真正的“被犯罪化”。[①] 对定义为犯罪并真正按照犯罪处理的情况的筛选实际上是相当任意而且多变的。

p88 对犯罪的定义随时空而变，而且总是相当随意。比如说，我们将很多由个人实施的损害行为界定为犯罪，却忽略了团体实施的严重损害行为——这往往影响到更多的人。

在那些“犯罪”行为中，也仅仅只有一部分成为刑事案件。这种选择同样可以相当随意。比如，身份地位、民族属性、被害人与被告人的种族划分等诸多因素就发挥着作用。检察院、公安机关和法院系统的优先顺序和职能分工也同样具有影响。

重要的是，我们已经认识到了我们所谓的犯罪只是损害和冲突的金字塔顶端。只有其中一部分情况和行为被归入到潜在的可犯罪化的范畴。比这更小的一部分才是真正的犯罪。我们通过其他途径处理掉了绝大多数的侵害行为和冲突。

一旦我们决定将特定的事件或行为界定为犯罪，那么我们就将以可能与参与者经验不相符合的方式来界定“真实”。报应性范式创造了它自己的真实。既然犯罪人是与国家在作对，那么惩罚而不是解决或处理就成为了合理的法律后果。有罪性（而非有责性）就成为了被告人承担绝对责任的依据。法律后果是在被害人或犯罪人极少参与的情况下强加的。报应性范式占据了主流，塑造着我们对于可以有何行为、应该如何行为的观点。

---

① 赫尔斯曼（Louk H. C. Hulsman）对此有过论述，参见“Critical Criminology and the Concept of Crime,” *Contemporary Crises: Law, Crime and Social Policy*, 10, No. 1（1986）, pp. 63－80. Cf. John R. Blad, Hans van Mastrigt and Niels A. Uildriks, eds., *The Criminal Justice System as a Social Problem: An Abolitionist Perspective*（Rotterdam, Netherlands: Erasmus University, 1987）。

范式的转变

我们对于何以可能、何以不能的认知建立在我们对真实的建构之上，这种建构可能会发生转变，事实上也确实在变。

在《科学革命的结构》(*The Structure of Scientific Revolutions*)这一影响深远的著作中，托马斯·库恩（Thomas Kuhn）提出： p89
科学观点的变化来自于一系列的范式转变。①

一个模型或范式取代了另一个，由此引起了我们观察和认识世界的方式的革命。这种模式转变的形式预示着整个范式转变的可能形式。

托勒密范式直到 17 世纪都一直控制着西方人的认知，它看上去似乎很符合观察到的现象。如果你在夜晚以北极星为参照点仰望天空，就会发现恒星和行星好像处在一个以地球为中心的圆球里，而且他们看起来又的确都在转动。这的确让人觉得宇宙就是一系列以地球为中心的构成同心圆的透明球体。

地心说同样也契合了哲学和神学的观点：既然人类代表了上帝创作的顶峰，那么他们的居所也理所当然应当位于宇宙的中心。

但有许多现象并不符合这一模式。随着望远镜的发明和天空的开发，难以解释的现象越来越多。举例来说，彗星看上去好像经过了透明球体应该存在的区域。计算得出的距离似乎并不准确。而且行星在他们运行轨道中的某些点上似乎在向后运动。

后一种现象被称为后退运动，这种现象令人困扰，因为人们

---

① Thomas Kuhn, *The Structure of Scientific Revolutions* (Chicago: University of Chicago Press, 1970).

很难理解既然行星位于透明球体之中，这种现象又缘何发生。科学家们断定行星必然在更大运行轨道之中沿着小轨道运行，他们将这种现象称为周转圆圈（epicycle）。随着越来越多后退运动的
p90 显现，周转圆圈的数量显著上升。

托勒密观点的缺陷在 17 世纪早期成倍显现。与此同时，出现了一系列的新发现和新理论。开普勒（Kepler）发表了他的“三定律”。伽利略（Galileo）发现了天体运行的规律，他开始用经他改进的望远镜来观测宇宙。布拉赫（Brahe）开始系统地记录宇宙的天体运行。越来越多的现象难以得到旧有范式的简单解释。

然而，抛弃托勒密观点是非常困难的。毕竟这种观点在当时是种共识，它已经存在了好几个世纪。并且它与许多哲学和神学的观点存在千丝万缕的联系。抛弃这种范式也许会引发革命并带来恐慌。所以，科学家们用大量的周转圆圈弥合范式，而且施以巨大的压力来迫使改革家们撤回他们的主张。

到了 17 世纪早期，人们发现越来越多的现象违反了托勒密模式。与此同时，科学家们有了一些新的发现。牛顿将各种因素统合起来构成了一个极具说服力、极具洞察力而难以被否定的范式。牛顿物理学为哥白尼的宇宙学说提供了巨大支持，从而使新范式的产生成为了可能。

库恩提出在科学革命中蕴涵着智力革命的形式。他提出我们认识现象的方式受到特定模型、特定范式的统治。这种占统治地位的范式似乎可以解释大多数的现象，对于不能解释的现象则设置各种例外。

随着时间的推移，越来越多的现象难以契合旧有范式，失灵
p91 的感觉越来越明显。然而，我们仍旧会不断努力通过编造手段、周转圆圈概念、改良办法来修正旧有模型，从而维持范式的统合。

渐渐地，人们日益感到缺陷的严重，最终导致了模式的打破，并且代之以新的模式。但这一切在新的“物理学”产生发展之前还难以发生。也就是说，在新的综合成为可能并且新的共识开始出现之前，必须具备各种基础条件。

在几年前的一篇极有见地的文章里，兰迪·巴内特（Randy Barnett）提出司法范式的历史演变昭示了范式变迁的一些特征。[①] 例如，随着17世纪科学革命的发生，范式一直被视为存在特定的不足和缺陷。一系列的周转圆圈被用以弥合范式。但是，人们日益感到缺陷的严重，以至于不能再进行简单的修补。

在报应性模式的早期应用中，惩罚非常严厉，刑罚滥用不受控制，而且所施惩罚的轻重与犯罪的严重程度间没有对应关系。有关惩罚适当性的观念是启蒙运动的产物，它使得惩罚更加的理性化与人性化。这种观念认为，如果罪刑适当，惩罚就会更少任意性，更少受到当权者主观臆测的左右，惩罚就会更有意义。

监禁作为践行惩罚适当性原则的有效途径变得流行起来。监禁裁判可以用时间长短加以衡量，并且区分等级以符合罪行的轻重，它们被看做是科学的、合理的。在一个科学与理性极受重视
的时代，惩罚适当是支撑惩罚范式的有力支柱。监禁刑期成为了 p92
人们“科学地”践行惩罚观念的有效途径。

其他的周转圆圈也被构建出来了。例如，在20世纪上半叶“矫治”主导了裁判方案，它带来了关于惩罚的新的理念。然而到了60年代，“矫治”开始受到怀疑，作为医疗模式一部分的自由裁量的、非确定性的裁判最终被抛弃了。这一周转圆圈被该

① Randy Barnett, “Restitution: A Paradigm of Criminal Justice” in *Perspectives on Crime Victims*, ed. Burt Galaway and Joe Hudson (St. Louis, Missouri: V. Mosby Co., 1981), pp. 245 - 261.

当性理念所取代，后者构成了今天流行的强制性和确定性裁判法则的基础。

对监禁刑替代方式的探求依旧代表了修补旧范式的另一种尝试。替代性运动提供了其他的惩罚选择，而不是意图取代惩罚。通过提供比监禁更为经济可行的新的惩罚方式，支持者们得以维护这一范式。但正因为仅仅是个周转圆圈，其并没有触及惩罚的基本假设，因而也就不能就其应当处理的各种问题作出回应（如监狱人满为患）。

举例来说，社区服务令已经成为一种颇受欢迎的处罚形式。引入社区服务令后，据说可以接手监禁犯，缓解监狱的拥挤状况。事实上，这通常提供了一种惩罚加害人的新形式。今天对加害人的电子监控就给惩罚与控制带来了新的可能。

对被害人的赔偿和帮助可以被视为另外一个周转圆圈。在美
p93 国，类似的建议仿佛是根植于对被害人权利的主张。在英国，讨论更聚焦于他们的需求与福利。这两种方式都旨在寻求在现存范式中弥补问题，但无一质疑国家、被害人在司法体系中的地位和作用这些基本假设。他们已经认识到了问题，但没有关注问题的根源。

人们对原有模式存在缺陷和危机的感觉愈益强烈。与此同时，许多人正在探求一种新的“物理学观点”来理解和应对被称作犯罪的情形。也许范式转换的基础正在形成。

笔者认为，诸多问题失败的根源在于我们看待犯罪与司法的视角，而这种视角只是对“真实”的一种建构，是一种范式。它也绝非唯一可能的范式。在随后的几章里，笔者将对一些历史上以及圣经中的各种观点作一总结。这些观点将证明，现有的报应性范式仅仅是晚近的产物，而且其他的范式也颇有道理。这些
p94 观点同样也能够为另一种可替代性视角提供基础。

第三部分　历史溯源

第七章　社区司法：历史上的一种选择

加害人触犯了国家法律，就必须受到惩罚，而且这种权力必须由国家来行使。所有的这一切看上去是那么的自然和不可避免。当然这种报应性范式已经伴随了我们很长时间，较之从前它的确代表了一种明显的进步，而且是历史的必然。

报应性模式并非西方看待司法的唯一视角。事实上，其他的司法模式在大部分历史时期占据着统治地位。直到最近几个世纪报应性范式才开始垄断我们的司法观念。

这种报应性范式的胜利并不必然代表着进步。历史上常见的错误是将历史的演变解释为必然的进步，人们往往将新的发展视为对过去的必然超越。但事实上，当前的事物并不必然是旧事物发展的必然产物，而且也未必总能代表进步。

历史通说倾向于关注刑事司法历史中在两方面的发展：公力救济的发展以削弱私力救济为代价；监禁作为一种刑罚措施越来越受到依赖。毋庸置疑，这两方面的发展都以某种形式有所体现。然而，最新历史研究成果却对这两方面发展的模式及其意义 p97
提出了质疑。

通常我们认为过去的司法模式主要是“私力救济”。私力救济以私人复仇为特征，通常不受制约且严峻残酷。相反，现代的公力救济则是受到制约的司法模式：更加人性化，更注重利益的平衡，其施加刑罚也更为轻缓。我们假定监禁刑较之以前的刑罚更为轻缓，也更为明智。在这种视角下，我们分配正义、确定刑罚就变得更为文明和理性了。

真实情况其实比这种传统描绘所告诉我们的更为复杂。私力救济并不一定都发生在私人之间，而且未必都会有复仇。私力救济也并不一定比公力救济更为残忍，缺乏制约，或者不甚明智。恰恰相反，公力救济事实上可能在某些方面更为严苛，而且为可能的法律后果提供了更小的选择范围。私下复仇当然可能会发生在公力救济介入之前，但它只是更多选择中的一种。所谓的私力
p98 救济的确存在缺陷，但它并不像我们通常预想的那么简单。①

---

① 除本章所引著作外，以下文献也颇有助益：George Calhoun，*The Growth of Criminal Law in Ancient Greece*（Berkeley：University of California Press，1927）；Michael Ignatieff，*A Just Measure of Pain*：*The Penitentiary in the Industrial Revolution*，1750－1850（New York：Pantheon Press，1978）；Stanley Cohen and Andrew Scull，eds.，*Social Control and the State*，（New York：St. Martin's Press，1983）；John H. Langbein，"The Historical Origins of the Sanction of Imprisonment for Serious Crime，" *Journal of Legal Studies*，5，（1976）；Langbein，*Prosecuting Crime in the Renaissance*，*England*，*Germany and France*（Cambridge，Massachusetts：Harvard University Press，1974）；Alred Soman，"Deviance and Criminal Justice in Western Europe，1300－1800：An Essay in Structure，" *Criminal Justice History*：*An International Annual*，I（1980），3－28；Pieter Spierenburg，*The Spectacle of Suffering*：*Executions and the Evolution of Repression*（Cambridge，England：Cambridge University Press，1984）。

社区司法

西方历史在结构和风俗上具有很大差异。自然，各地的司法实践也随时间和地区的不同而不同。然而，在前现代社会，人们在关于犯罪和司法问题的总体认识上存在着巨大的相似性。这些相似性在一定程度上反映了他们的共同传统。例如，古希腊—古罗马和日耳曼部族的文化部分地形成了中世纪的世界观。共享经验和共有需求也促成了认识上的相似性。

直到近代，犯罪才被认为首先是人与人之间的一种关系。大多数犯罪从实质上被看成是对他人犯下的一种“恶行”或是人际冲突。同时在民事冲突中，大多数侵害案件的重点是侵害行为实际造成的损害，而不是侵害行为对于法律规范或者是抽象的社会准则或道德准则的违背。这种“恶行”引起了必须通过某种方式履行的义务和责任。长期的争斗是解决问题的方式之一，但商谈、归还还有和解同样也是。被害人和加害人以及他们的家属、社区在此过程中起到了非常重要的作用。

正因为犯罪产生了责任，所以司法过程的法律后果往往是对犯罪案件进行某种形式的解决。归还和赔偿协议是常有的事，甚至是对于一些人身侵害案件而言。法律规范和社会惯例通常为财产侵害和人身侵害界定了合理赔偿的范围，其中包括了将人身侵害量化为物质赔偿的计算方法。我们的犯罪观与刑罚观可能体现了这种补偿原则的变迁（也许反之亦然）。古希腊语 pune 是指用金钱来弥补造成的侵害，这也许是“惩罚”（punishment）一词的来源。同样，“有罪”（guilt）一词可能源于盎格鲁—萨克

p99 逊语“geldan”，该词与德语“geld”语义相似，意指清偿。[①] 加害行为引发了义务，司法就需要采取一系列措施来弥补损失。

加害人与被害人（或者是谋杀案中被害人的代理人）在法庭外已经处理了绝大多数争议和恶行——包括我们所称的犯罪。他们在其家属与社区参与的背景下处理这些纠纷。教会与社区的负责人往往在磋商或调停解决办法、记录其所达成的和解协议的过程中起着重要作用。司法的运行首先是一个调解与商谈的过程，而非适用规则并执行裁判的过程。

在对教会作用的此种认识之下，一位法国改革宗教的长老督促教会：“勤勉工作，以调解宗教法院成员所知的任何纠纷。”[②] 这些纠纷包含了被我们称为犯罪的加害行为。长者们决定列出冲突的清单，以督促争讼方解决纠纷，同时对不能达成协议者拒绝赐予圣餐。法语“和解条约”（acts of accommodation）就代表了这样一种在公证人面前达成的协议。[③]

如前所述，这种司法途径与其说是私力救济，还不如被称为社区司法。称其为私力救济只是在其非国家司法的意义上说的。
p100 包括已然的损害和随后的“司法”过程都处于社区环境之下。恶行常常被看成是共同性的。一旦个人犯了错，家庭和社区也会

---

① J. W. Mohr, “Criminal Justice and Christian Responsibility: The Secularization of Criminal Law,” unpublished paper presented to the Mennonite Central Committee Canada Annual Meeting, Abbotsford, British Columbia, January 22, 1981.

② Soman, “Deviance and Criminal Justice,” p. 18.

③ Bruce Lenman and Geoffrey Parker, “The State, the Community and the Criminal Law in Early Modern Europe,” in *Crime and the Law: The Social History of Crime in Western Europe Since* 1500, eds. V. A. C. Gatrell, Bruce Lenman, Geoffrey Parker (Ipndon: Europa Publications, 1979), pp. 19ff.

感到有错。并且家庭和社区得以实质性地介入案件的处理。他们会促成纠纷的解决，充当仲裁人和调解者。他们会被召集起来作证，甚或协助协议的执行。

社区司法极其重视谈判协商的、非诉讼的解决方式，通常还包括赔偿。然而，也存在着两种可选择的途径。两者都倾向于成为最后救济手段的选择。选择任何一种都是赋予协商以强制执行力抑或达不到共识而要摒弃协商。因此，两者都代表着某种失败，尽管它们的存在可能有助于保证规范的实际效力。

报应性的选择

复仇是其中的一种选择，但诉诸这种选择一般为少数。复仇是危险的，它往往引起相互的暴力和血腥的仇怨。以小规模的、紧密血缘关系的群体为特征的社会中，必须强调关系的维系。这里协商和赔偿较之于暴力显然更有意义。

复仇的可能性当然存在，但其使用已经受到了限制，并且其作用和含义往往与我们所设想的情形有所不同。

对复仇的限制之一是避难所（sanctuarities）的设置，① 这进 p101
一步确证了协商司法的重要性。贯穿中世纪直到最起码是法国大革命这段时期里，西欧分布着各种独立于其他法律规范和当权机

① 关于避难所，参见 Herman Bianchi, "Justice as Sanctuary," unpublished manuscript; "An Exchange on Sanctuaries," *International Associational for the History of Crime and Justice Newsletter*, November 1986, pp. 27 – 33; Michael R. Weisser, *Crime and Punishment in Early Modern Europe* (Atlantic Highlands, New Jersey, Humanities Press, 1979), p. 54; Paul Rock, "Law, Order and Power in the Late Seventeenth – and Early Eighteenth – Century England," in *Social Control and the State*, eds. Cohen and Scull, pp. 191 – 221。

构的安全区域。那些被指控为犯了错的人可以躲进这些区域，以躲避私人复仇甚或是地方政府的追究。它们中的大部分不是长期性的避难港，但确实是有助于在协商进行时平缓情绪的安全区域。一些避难所明确规定了被指控者在此停留的期限，但在此期间加害人将会是安全的。

荷兰犯罪学家赫尔曼·比安基（Herman Bianchi）提出了这类避难所的另一种可能的功用。他和他的同事们发现了朝圣者在朝圣途中会在这些避难所前停留。这些朝圣者似乎把他们的朝拜活动看做是一种对犯罪的告解。这表明忏悔和赔偿都被看做是对特定加害行为的适当反应。

最近在英国城市温彻斯特度过的休假中，笔者发现了“高德彼高特之屋”（House of Godbegot）。该建筑是高德彼高特庄园的遗址，该庄园是艾玛女王（Queen Emma）在1052年遗赠给教堂的，它现在是一家服装店。该建筑被赋予了完全的自治权，包括“不受该地区所有其他官员命令”的权力。据现有该领地的法院记录记载，该建筑一直是加害人的避难所，直到16世纪亨利八世将其解散。

法院记录也表明在某些情况下人们会进入避难所并逮捕那些加害人，但记录同样显示这种情形会被看做是对避难所的侵犯。
p102 13世纪温彻斯特的一道法令规定，除非缴纳罚金，否则一个人既不能进入温彻斯特，也不能进入庄园。显然，该规定是有例外的针对一些“重罪”。这两个例子都说明了庄园作为加害人的避难所所起的作用。

复仇还同时受到法律和习惯的双重制约。例如，在中世纪的欧洲，除非已经提出过协商要求并被对方拒绝，否则复仇就会被认为是不合法的。著名的《旧约全书》谚语“以眼还眼”正是这样一种谚语，在西方历史的大部分时期帮助规范私人复仇行为。

“以眼还眼”当然可以从字面含义上进行理解，而且这种复仇方式的确会很残忍。然而，在没有正式法律规定和法律程序规制的社会中，这些谚语虽不具有强制力，却在事实上起到了限制暴力的作用：“可以这么多，但是只能这么多”。报应应当与恶行成正比，而且不应导致冲突的不断升级。

而且，人们常常将这些谚语看成是决定赔偿额度的标准：“以一只眼睛的价值量来赔偿对一只眼睛的侵害。”以金钱或财产来解决纠纷在人类历史上相当普遍，甚至对严重暴力案件也同样适用。这些规则提供了决定赔偿额度的基本准则。

甚至直接从字面含义上进行理解，“以眼还眼”本身就具有赔偿的意味。在原始公有制社会里当有人被杀死或者被伤害时，各个部落、氏族或者其他群体间的力量平衡就被打破。新的均衡需要通过利益衡平进行重建。合理的暴力既被用于平衡力量，也同样被用于强行复仇。

过去如同现在，被害人也需要得到道德上的维护。他们需要就他们遭遇的恶行得到公众认同并令加害人就其责任作出公开承认。赔偿是达到这种维护的一种途径，但报复有时能提供特定的 p103
道德补偿。有时报复带来的威慑力也有助于督促加害人承担这种公共责任。

报复的威慑力确实存在，但它可能本身既是目的，也是手段，而且报复的含义和功能也每每反映了赔偿的观念。该系统首先依赖于赔偿被害人和修复关系的必要性。这往往使协商成为必要，借协商解决加害人承担的责任和义务。

在人类历史上的绝大部分时期，有很多针对特定种类犯罪的报应性司法理念的例外。早期的神权社会认为少数具有宗教意义的侵害行为需要特殊的、“非常规的”对待方式。例如，特定的性侵犯案件就特别地令人憎恨，因为他们亵渎了神灵。这些行为给整个社区蒙羞。为了表示对这种行为的谴责，从而避免共同承担罪责，就需要有一种象征性的措施来洗刷罪恶。但是，这类侵害行为却很少见，而且由法律和习俗谨慎地加以规定，却不能作为标准应用于大多数的“刑事”犯罪中。

在欧洲近代早期，少数侵害行为被认为是对道德和政治律令的挑战，因而需要以暴制暴。这些行为包括巫术、乱伦、鸡奸以及一些特定类型的特别恶劣的杀人。

司法的选择

复仇是协商、赔偿司法模式的一种选择，诉诸既有法庭是另
p104 一种选择。然而这种选择和复仇一样，通常是在谈判失败或者在法律或习俗要求这样做的情形下采取的最后救济手段。它被视为促进协商处理方式的一种手段。就现代观念而言，现代社会的成员们都明显怠于使用司法这一正式工具。

例如，中世纪的西欧存在着各种“正式法庭”，其中一些是国家法庭或皇家法院。还有一些则是由教会、城市或诸侯国设立，但即使是国家法院也倾向于在社区司法的原则和框架下运行。

中世纪的法院在本质上是“控诉式”的。除了一些类型的侵害行为（如侵犯国王）之外，即使是皇家法院也不能在无被害人或被害人家属控告的情况下自行启动诉讼程序，即所谓的“不告不理”。当时不存在国家公诉机关，除王国本身为实际被害人的侵害行为之外，国家无独立起诉的法律资格。

一旦有人发起诉讼，法庭的作用就在于促成当事人的合作。法官会尽可能地平衡双方的力量关系，并在大致上调节双方的矛

盾冲突。法官在这里充当了类似调停者的角色。一旦涉案当事人达成了协议，他们有权在任何阶段终止诉讼。在没有控诉人的情况下，国家无权继续诉讼。主动权在涉案当事人手上。

人们诉诸法庭通常只是为了给对方当事人施加压力以明确其责任并解决纠纷。进入现代，诉讼外途径的社区司法受到了青睐。对司法手段的规避根植于多种因素，对协商解决方式的喜好 p105
是其中之一，但地方对国家的抵制也是一个主要的因素，还有诉讼所包含的经济成本。而且，中世纪的法庭时常假定双方有同样的风险。如果原告指控失败，他就要承担原本加诸被告的后果，而原告在诉讼前一般都希望以较重的罪名起诉。最终，皇家法院通常会选择罚金刑作为解决方案，因为这些钱上交给了维持法院运行的当局，所以这对被害人毫无益处。

塑造了法庭结构和诉讼程序的控诉模式在社区司法的框架下运行，进而极大鼓励了赔偿协议的达成和参与者的积极性。控诉式诉讼证实了社区司法的核心地位。

评价

与更加理性、更为人道的现代司法相对照，前现代司法通常被形容为一味报复的和野蛮的司法模式。显然，这种描绘过于简单和苛刻了，但对消逝已久的黄金时代过分怀念则同样不可取。社区司法也具有难以克服的缺陷。在有争议的案件中定罪的方式就显得主观随意，不够准确，缺乏保障。这种司法模式在各方势均力敌时最能圆满地发挥作用，但在加害人处于劣势的场合，社区司法就会变得简单粗暴。

社区司法也会给被害人带来沉重的负担，因为诉讼的推进取决于他们的主动性，甚或他们的资源。对一些被认为尤其恶劣的 p106

加害行为的惩罚可能会相当苛刻。

不过主导社区司法的协商、赔偿解决方式代表了对犯罪和司法的另一种解读，这一点是非常重要的。传统司法观念认为，既然加害行为对人造成了损害，那么相关当事人就应当成为案件处理的中心，并且对损害的修复是至关重要的。社区司法在维持关系、促成和解上具有很大的优势。至此，社区司法范式较之我们自己的更加“启蒙”的范式而言更好地反映了犯罪的本质。

传统司法往往被看做是报应性的司法。不过惩罚仅仅是诸多可能法律后果中的一个，而且往往意味着理想法律后果的失败。社区司法较之我们当前的报应性司法模式而言，提供了更大范围的处理方式。我们至少应当改变我们对传统司法的评价，以彰显其补偿与和解的可能性。

法律的革命

中世纪欧洲不存在如我们所知的刑法体系，也没有成文的法律文本来定义类似犯罪的特定行为或者规定特定的惩罚方式。案件也并非像一般的由法律专业人士进行处理。行政和司法机构的确具有公认的作用，但这种作用相当有限。虽然存在各种各样的法庭，但总体而言其职能受到社区司法基本假设和基本准则的限制，人们发生纠纷明显不愿诉诸法庭。

然而在11～12世纪发生了一系列的变化，为随后几个世纪对犯罪与司法的全新认识奠定了基础。这些变化历经数百年才发
p107 展成熟，而且受到过诸多猛烈的抨击。新的司法模式一直到19世纪才取得统治地位。然而，尽管这种变化未能及时受到历史学家的重视甚至常常被忽视，却已经形成了历史法学家伯尔曼

（Harold J. Berman）所称的法律革命。[①]

早期的行政机构受限于在习惯性认知和实践的框架中生成法律。到了较晚的中世纪，他们开始主张制定新律并废除旧法的权力。结合了新的原则，正式的、成文的法典开始取代惯例。到了18～19世纪，一部专门的法典发展起来，就特定损害和纠纷作出了规定，称之为犯罪。

新的论据和新的程序使国家对特定类型案件的介入和掌控成为了可能。在欧洲大陆，代表国家的检察官开始出现了。在英国治安法庭（justice of the peace）开始在有限的方面代表国家。法院开始从它们被动的、仲裁的地位中走出来，主张对特定种类案件的主导权。在这些案件中他们开始采取主动来启动程序和收集证据。

在欧洲大陆，审判模式从控诉式变成了纠问式。在这里法院有责任提出控诉，查明事实，并且定罪量刑——还常在不公开情况下。在英国，控诉模式基于陪审团的存在和私人追诉至少在形 p108
式上的保持而得以维持。至此国家机构取代了市民成为刑事案件的主导力量。

在这些案件中，法律后果的性质产生了变化，惩罚开始变得比解决问题更为重要。进入国库的罚金开始取代对被害人的赔偿。严刑逼供不再简单的是一种可接受的惩戒，而是成为了获取

---

① Harold J. Berman, *Law and Revolution*: *Formation of the Western Legal Tradition*（Cambridge, Massachusetts: Harvard University Press, 1983）and "The Religious Foundations of Western Law," *The Catholic University of America Law Review*, 24, No. 3（Spring, 1975）, pp. 490－508. Berman's pioneering work is extremely important. Other important sources on early modern justice and the legal revolution are A. Esmein, *A History of Continental Criminal Procedures*（Boston: Little, Brown, and Co., 1913）and Weisser, *Crime and Punishment.*

事实真相的重要工具。在这一切中真正被害人的权益不断减少。

这一过程的发生并非国家对大量案件突然的、直接的接管。恰恰相反，国家代表机构是逐渐地渗透进控诉程序中去的。比如，从一个调查者开始，国家最终成为了控诉人。到了1498年，法国法律承认了国王或其检察官是任一诉讼的一方当事人。国家起初仅仅主张有权参与案件，但最终却要求主导权了。

国家的法律工作者运用了各种或新或旧的法律机制和观点来论证国家干预的合理性。控诉式诉讼程序承认案件处理的普通方式是由被害人或其家属提出控诉。可一些司法权限为有限情况下由法庭或国家控诉的特殊案件留下了空间。例如，在14世纪的法国存在好几种途径使法庭能够主动发现侵害行为。常规途径是由原告提起控诉。然而，对于“当场作案”（假使加害人当场被抓获）或者“众所周知”的案件（当侵害行为和加害人为众人所熟知时），法庭就可以在没有直接控诉人的情况下介入。另
p109 外，一些条文还规定了可以通过“告发”来启动诉讼。在这种状况下控诉人依然存在，但他们躲在幕后，仅仅发挥了很小的作用。由于这种案件经常出现，所以原本属于特殊情况的程序长此以往逐渐成为了普通程序。①

这些法律机制的应用与新的论据结合起来了。国王开始主张这是和平的守卫者，而这离“当和平遭受侵犯时，国家是被害人”的主张仅有一步之遥。因而，个体被害人的地位和诉求在这一过程中被逐渐冷落也就不足为怪了。

---

① Esmein, *A History*, pp. 121ff.

教会法的角色

并非偶然的是，这一伴随国家过程的新的法律体系的发展过程产生于全面权力斗争的大背景之下。这种对霸权的争夺既发生在教会和世俗组织内部，也发生在它们之间。这对司法应用方式产生了深刻的影响。教会法（天主教会的法律）的发展是这些斗争的关键部分。

在基督教的第一个世纪里，教会还是分散的组织。渐渐地一些相互竞争的权力中心出现了，各自主张一定的权威。教会内也就出现了内部纪律的问题。所以中世纪时期罗马教皇首先关心的就是如何在教会内部巩固其权威。与此同时，教皇还自称其权力等同于甚或高于世俗政权。

但是，集中世俗皇权也正肇始于这一时期，而且也基于类似的需要。他们也需要在其统治领域内通过各种方式削弱其他权力中心，包括教会，来巩固他们的权力。 p110

所以，宗教权威和世俗权威都将目光投向了有助于他们巩固其权威的新的论据和机制。罗马帝国晚期的法律就提供了这样一种制度，起先服务于教会，之后又服务于国家。

在罗马历史上的共和国时期，犯罪依旧首先是个人或者社区的事务，而国家仅仅具有非常有限的作用。然而，随着罗马帝国的崛起，法律的传统得以发展，国家创制法律和管理司法的扩张性权力得以承认。

这一律法在公元 6 世纪以后，尽管没有被彻底遗忘，但基本失传。11 世纪晚期查士丁尼法典（Justinian's Code）在西方的重新发现也许并非偶然。罗马教皇的支持者甚或世俗君主的支持者也许已经寻找了好多次。一旦在 11 世纪被重新发现，罗马法就构建起了教会法的基础，它成为了教会的基本法律。随后它的框架被西欧各世俗政权所采用。其在一定程度上也影响了英国的法律。

伯尔曼对这一法律及其适用进行了考证。他指出罗马法不是来源于习俗。其所采用的是自足的法律形式，这一形式来自于已经在时间和文化中远古的文明。这一法律引入了重要的新型元素。

罗马法是以逻辑和基本原则为基础的正式的、理性的、法典化的法律。这一法律自成一体，并不建立在习惯和历史的基础上。因而，它提供了国家创设新法和废除“旧法”的可能性以
p111 及手段。而且，罗马法承认了国家，并在此为国家“合法地”启动诉讼提供了基础。罗马法的魅力之一就在于它赋予国家的重要地位。

罗马法是成文法，以独立于特定习惯的原则为基础。它有相应的检验和发展法律的方法（如经院哲学）。因而，罗马法不但可以系统化和扩大化，而且还可以被各国专家研究和教授。这种普遍性特征有助于解释它的吸引力，以及几乎一夜之间在西欧大部分地区大学风靡的原因。

以罗马法为基础，教会建立起了精密的教会法体系，亦即第一个现代法律体系。这是一次革命性的进步。它为教皇在教会内部及其与世俗政权的最高权力斗争都提供了重要武器。

基于最高机构所赋予的公诉权，教会法在教会内部确立起打击宗教异端和神职人员越权的基础。这一新型手段最极端的表现即为宗教裁判所，在那里教皇的代言人们搜捕着异端分子并且对他们严刑逼供，既为了网罗证据，也为了解决旧账。

首要的被害人已不再是个人了。在纠问模式中，被害人是整个道德秩序，而中心政权是它的捍卫者。侵犯行为不再是简单损

害而是需要矫正。它们成了罪恶。

照此推断，教会法不仅仅是代表了系统化的正式法典的引进，而且是国家权能的扩张。它还预示着一种完全不同的犯罪与司法观念。司法变成了适用规则、确立罪过和决定刑罚的事情。p112
早期基督教的惯例注重对错误行为的宽容和饶恕，强调和解和挽救的必要性。[①] 教会法以及发展起来的相关神学理论开始将犯罪看做是对抗道德或形而上律令的一种集体恶行。犯罪是种罪恶，不仅得罪个人，而且得罪上帝。清除世间罪恶就是教会的职能。这与“社会秩序是上帝的意志，犯罪则是对抗这种社会秩序的罪恶”这一假设仅有一步之遥。因而教会（随后是国家）必须执行这一形而上的律令。不足为奇的是，司法的重心从参与者之间问题的解决转移到了由既有有权机关给予的惩罚。[②]

教会法及其相关神学理论构建了自由意志和个人责任的观念。这有助于为惩罚的逻辑依据奠定基础。监禁成为了惩罚任性的修道士的手段，这引发了作为惩罚方式的监禁刑从18～19世纪起的广泛应用。

教会法引入了新的重要原则。这些原则转而被行政机构采纳并加以应用，成为了一个从英格兰一直到波兰和匈牙利的世俗法律体系的重要典范。p113

① Gerald Austin McHugh, *Christian Faith and Criminal Justice: Toward a Christian Response to Crime and Punishment* (New York: Paulist Press, 1978), pp. 14ff.

② 当然，这种推理也并非原创，中世纪的神明裁判也是基于相关的理念。因为特定的侵害行为违背了上帝和自然的意志，所以人们预期自然会拒绝犯罪的人。一个有罪的人被投入水中就会漂浮在水上，因为圣洁的水会拒绝他或她；而一个无罪的人就被认为会下沉——如果那个人不会游泳，那么这种胜利就颇具讽刺意味。

教会法的例子并不能完全解释以国家为中心的报应性司法模式的发展过程。英国较之于欧洲大陆而言较少受到教会法的影响。尽管英国并没有发展出纠问式的司法体系，但发展出了以国家为主导力量的刑事法律体系。考虑到社会发展的趋势与新兴民族国家的需求，即使没有教会法的例子，司法也会朝着相似的方向发展。然而，这一罗马法的适用所提供的模式的确为行政机构巩固其地位提供了重要的技术和观念。

基督教神学在这些方面的作用还难有定论。一些历史学家声称犯罪和道德责任的神学观念起到了肇始性的作用，有助于构建新的犯罪观、司法观和权力观，并由国家将之具体化。还有一些历史学家认为，现代司法的发展根植于新兴民族国家的政治需要或者社会经济的发展过程。基督教神学紧随其后，为这些新的犯罪观、司法观和权力观提供理由。故而神学和这些发展之间的联系是非常明确的。

国家司法的胜利

历史学家布鲁斯·雷曼（Bruce Lenman）和杰弗里·帕克（Geoffrey Parker）提出，西方司法史可以被看做是两种法律或司法基本模式之间的辩证运动：社区模式和国家模式。①

国家司法萌芽很早。其迹象在古巴比伦的《汉穆拉比法典》
p114 或者古希腊的梭伦法律改革中就已经显现。然而，直到近几个世纪真正的国家司法才取得了胜利，垄断了我们的犯罪观。

巅峰状态的社区司法就是协商性的、补偿性的司法模式。它

① Lenman and Parker, "The State, the Community and the Criminal Law." Lenman and Parker's thesis provides part of the framework for this chapter.

的意义可以通过表示和睦的日耳曼语“frith”来表达，意味着平等的，合意的和睦。而国家司法则是“国王的和睦”，它是垂直的、等级制的、强加的、惩罚性的。①

虽然社区司法和国家司法看上去是相对立的概念，将之看做是续统的两端、之间存在很多变体则更为精确。② 其中一端是包含相关当事人协商解决方式的“纯粹”的社区司法。当其他主体（可能由政治机构指派）作为仲裁人或公证人参与进来时，司法过程就变得正式起来。控诉式法庭甚至更为正式，具体规定了国家的职能。在续统的末端则是完全的国家法庭，伴随了国家公诉，国家裁判，国家控制以及由国家充当被害人。

社区司法在近代早期欧洲的运行也包含了国家司法的因素。也许这两种司法模式之间的融合和共生关系使得社区司法得以顺利运行。也许国家司法的威胁促进了社区司法的运作。也许选择案件处理场所的能力是重要的。然而，当完全的国家司法开始取得胜利，我们对于何谓适当及何以可能的认识发生了变化，社区司法不再适用于大多数被我们称之为犯罪的案件。 p115

到了16世纪末，国家司法的基石在欧洲奠定了。在法国、德国和英国，新的法律规则扩大了特定侵害行为的公共维度并且赋予了国家更大的职能。刑法规则开始细分恶行并强调处罚。其中一些处罚相当严厉，包括刑讯逼供和死刑。当然经济惩罚在很多情况下保留了适用的可能性。

16世纪的新教改革推动了国家执行刑法的进程。路德积极

① Bianchi, “Justice as Sanctuary,” chapter 6, p. 13ff.

② Cf. Herman Diederiks, “Patterns of Criminality and Law Enforcement During the Ancien Regime: the Dutch Case,” in *Criminal Justice History: An International Annual*, I (1980), pp. 157 – 174.

支持国家作为上帝的代理人执行惩罚。加尔文主义强调了上帝作为判刑法官的形象，同时还赋予国家在推行道德秩序中的重要地位。

国家司法是大势所趋，但尚未处于支配地位，不能达致垄断。18 世纪的启蒙运动和法国大革命对国家司法占据根本优势地位起到了极大推动作用。[1] 到了 18 世纪，国家进而主张绝对权力，并以过度主观和滥权的方式行使之。花样百出的刑讯逼供和刑罚是家常便饭，不但施加于已经查证的“犯罪者”，而且对嫌疑犯和政治犯也是如此。国王宣称凌驾于法律之上，而法律则成了习惯和原则，逻辑和恣意，特殊利益和公众利益之间的一种
p116 混乱组合。

启蒙运动的改革者们希望将法律置于政府之上，并为法律构建一个理性的平台。通过强烈抨击被他们视为迷信的和非逻辑性的传统和宗教，他们推崇一种以自然法和理性原则为基础的世俗法律形式。

在这一过程中，启蒙思想家逐渐形成了社会和国家建立于潜在社会契约之上的新的理念。他们认为法律规范应当反映社会大多数人的意志，而政府则应阐明并执行这样的法律规范。这并不是说他们支持普通民众参政。大多数的启蒙思想家根本就不是民主主义者！但他们的确开始阐明代表社会大多数人利益而非特殊利益集团或者皇室利益的政府的概念。

面对国家宣称绝对化之权力的滥用，18 世纪的改革者们似

---

① 除上文所引文献外，参见 Michael Ignatieff，“State，Civil Society，and Total Institutions：A Critique of Recent Social Histories of Punishment” in *Social Control and the State.* eds. Cohen and Scull，pp. 75105；and Jacques Ellul，*The Theological Foundations of Law*（New York：Seabury Press，1969）。

乎应当抨击集权国家的前提假设，但他们没有。相反，他们不仅支持权力强大的国家，而且为立基于新的逻辑基础和新的责任归属的权力扩张提供依据。这种新的逻辑基础包括社会契约论、人口因素论和法律责任论。

贝卡里亚（Cesare Beccaria）的《论犯罪与刑罚》，最先出版于1764年并且常被引为现代刑罚学的基础，部分内容就是对这一启蒙运动的进路的反映。贝卡里亚认为，法律应当理性地建立在全社会的意志之上。他认为法律应当对全体成员平等地加以适用，并且应当由国家理性地加以执行。

贝卡里亚指出人们会根据其选择将导致的惩罚和快乐的预期
来决定他们的行为。故而法律应当设定理性和有限的惩罚的剂 p117
量，考虑惩罚的总量应当超过侵害行为所带来的快乐，而施加的
惩罚应当与其所犯的恶行保持一定的比例。

贝卡里亚的著作提供了有力的武器用以抨击国家与传统法律对刑罚的滥用，但它并未质疑国家在司法事务中的核心地位，而是提供了新的合法性论证。此外，尽管很多人将之视为尊奉完全理性的、实用主义的法律观，但其事实上保留了强烈的惩罚性乃至报应主义的因素。①

始于1789年并持续到下一世纪的法国大革命植根于启蒙运动，但有着自身的动力。它同样抨击了习俗和特权，希望代之以理性化的法律观和全新的国家观。和启蒙运动一样，其蕴涵了更多而非更少的国家强权观念。

---

① 参见 David B. Young, "Let Us Content Ourselves with Praising the Work While Drawing the Veil Over Its Principles: Eighteenth – Century Reactions to Beccaria's *On Crime and Punishment*," *Justice Quarterly*, 1, No. 2 (June 1984), pp. 155 – 169。

革命政府和拿破仑政府所采用的新的刑法典就体现了这样的趋势。它们赋予了国家强大的检察权。这些法典同样非常严厉，只不过更为理性和公正。

18 世纪和 19 世纪早期的发展对于报应性司法的现代形式的形成十分重要。国家不仅拥有了行使权力的新的合法性基础，而且还拥有了行使权力的新的机制。法律被赋予了新的神圣性，使
p118 得违反法律更具有可责性，后果更具有该当性。

启蒙运动的思潮和启蒙运动后的实践倾向于将侵害行为界定为违犯法律而非实际损害。对于重要的损害行为，公众的维度而非私人的维度日益受到重视。如果国家代表了公众的意志和利益，那么将国家定义为被害人并赋予国家插手司法的垄断性权力也就顺理成章了。最重要的是，启蒙运动提供了一种新的将惩罚加以量化的物理学。

启蒙运动和法国大革命的思想家并不质疑“当恶行发生时，惩罚应当被执行”的观点。恰恰相反，他们为此提供了新的理由。他们制定了更为理性的执行惩罚的纲领。他们还引入了全新的适用刑罚的机制。

适用刑罚的首要工具是监禁。引入监禁作为这一时代刑法执行方式的原因有很多。然而，监禁的魅力之一便是人们可以根据侵害行为将刑期分为三六九等。由于监狱以时间为单位计算惩罚的数量成为可能，因此惩罚的适用显得既理性又科学。

监狱同样与发展了的情感和需求相契合。公开和肉刑是旧体制国家刑罚的特征。专制政权使用残忍的、公开的刑罚作为昭示其权力的手段，而新型的、民主化的国家却无须公开昭示权力作为合法性的基础。另外，人们开始拒斥惩罚和死亡。处理死亡和疾病的方式发生了变化，反映了人们掩盖甚至否定这种生活困难

面的需求。[①] 在这一背景下，监狱提供了私下执行惩罚的方式。 p119

随着这种行刑技术的转变，所用手段的范围也发生了变化。现代社会早期的刑罚方式惩罚人的肉体，通常使用残忍的手段。监禁的现代应用就像法国历史学家福柯所说的那样希望触及人的灵魂。[②] 美国贵格派信徒在“促进悔过与改造”的预期下支持监禁。[③] 随后有言论声称监狱是改变行为和思想，重塑人格的实验室。人们制造出大量理由支持用监狱执行克里斯蒂所称的“带目的的惩罚”。

正式的以国家为中心的司法的渊源可以追溯到好几个世纪以前，但是，国家司法也曾受到相当大的抵制。直到 20 世纪才崭露头角。美国的经历就是一个很好的例证。[④] 对美国司法的描述往往强调合法的、公众的司法形式的早期发展，将正式的、公众的检察权的起源追溯到革命以前。但最近的研究表明公诉人只具有非常有限的作用。他们直到 19 世纪中期甚至更晚的时 p120
候才具有启动或终止诉讼的自由裁量权。相反，其他的救济形式（包括调解、仲裁以及民事法庭程序）却很受欢迎并且在国

---

① Spierenburg, *Spectacle of Suffering*, Chapter 6.

② Michel Foucault, *Discipline and Punish: The Birth of the Prison* (New York, Pantheon Press, 1977). See also Ignatieff, *A Just Measure of Pain* and “State, Civil Society.”

③ 1990 年是第一所现代监狱——胡桃街监狱（the Walnut Street Jail）200 周年纪念日。

④ 参见 Josephine Gittler, “Expanding the Role of the Victim in a Criminal Action: An Overview of Issues and Problems,” *Pepperdine Law Review*, 11, (1984), pp. 117－182; and Allen Steinburg. “From Private Prosecution to Plea Bargaining: Criminal Prosecution, the District Attorney, and American Legal History,” *Crime and Delinquency*, 30, No. 4 (October 1984), pp. 568－592。

家司法取得胜利后依然长期存在。至少对财产侵害来说，赔偿是一种很受欢迎的案件处理方式，并且被害人在其中扮演着重要的角色。

最终国家司法取得了胜利。具有广泛自由裁量权的公诉人制度的确立，连同监狱的扩张，构成了美国司法进程的重要部分。其结果在今天正如杰罗尔德·奥尔巴克所言："法律是我们国家的宗教；法律工作者组成了我们的神甫；法庭是我们的教堂，在那里当代的耶稣受难剧正在上演。"①

法律革命之维

国家司法的胜利由来已久。然而正如伯尔曼（Berman）所证实的，它绝对是一场意味深远的法律革命。这场革命对我们司法实践和司法理念的影响维度总结如下：

第一，这场革命的核心是从私力救济或社区司法向国家司法的转变。这一转变起初仅仅是揭示了国家发起控诉的可能性，但后来国家要求参与，然后掌控，直到最后国家对贴上"犯罪"标签的侵害和冲突具有司法上的垄断性权力。

在那个过程中，国家成为了法律上的被害人，而犯罪的被害
p121 人则被重新界定。被害人被抽象化，个体被害人在问题或对策上被边缘化。

第二，伴随这一进程，司法日益立足于正式法律而非习俗和惯例。司法开始等同于由专家进行解释和操作的成文法。所用程序日益成为司法公正的检验指标。

---

① Jerold S. Auerbach, *Justice Without Law*? (New York: Oxford University Press, 1983), p. 9.

特定的损害和冲突开始区别于其他纠纷，适用由国家主导的刑事程序。其他纠纷则留给了民事法，在那里参与者保留了极大的自由和权力。

第三，复仇是社区司法的一种可能结果。国家接管了选择权，降低了其他可能方式的可行性。惩罚成了常态。纠纷解决和协商处理倒变得不正常甚至非法。正因惩罚而非赔偿成了常态，个体被害人在案件中的地位就降低了。

有趣的是，教会从未对这一进程发起过任何猛烈的抨击。对于抑制私人复仇并尽快承认国家的角色，它提供了积极的支持。

随着惩罚成为常态，新的刑罚方式涌现出来。刑罚的象征意义也发生了变迁。

在前现代社会，复仇的动机在寻求惩罚时明显发挥了作用。至少被害人的陈述与惩罚的概念是一样重要的。惩罚在大多数情况下是公开的。在行刑过程中，蕴涵着对被害人道德权利的象征性声明。

在神权社会里，惩罚还包含着象征性的清洗功能，为社区清
除犯罪所带来的污染。惩罚表明了社会并不宽容这样的犯罪行 p122
为。如此维持了界限的意义和对社区的自我身份。

新兴政府往往就皇室家庭被高度人格化且重视维护其地位，公开、残忍的刑罚被当做是国家权力的象征，是彰显和演绎其力量的一种方式。在这种环境下的司法往往不过是定罪和脱罪的舞

台，以展示中心权力的可怕力量的。[①] 这种象征性作用有助于解释很多惩罚的严厉性。它们用以展示国家的权力和对抗的后果，惩罚必须引起恐惧。这种象征国家权力的作用也很能够说明对一些刑罚形式的公众抵制。在大多欧洲国家中刽子手都具有特别遭人厌恶的形象，部分因为他象征着受国家强制的司法。[②]

如今刑罚常常用实用主义、功利主义的措辞加以论证，以遏制罪行、化解罪过、改造罪犯。然而，还有一些重要的象征性功能隐藏其后，也许保留了早期惩罚方式的一些因素。当笔者考察刑罚的执行时，常常怀疑这种对国家权威和法律高于个人的戏剧化展现是否必要。

第四，随着司法观念的变迁，产生了对犯罪和罪犯的新的认
p123 识。一些特定的行为被认为是集体性的侵害以及社会或道德的异端，而非个人的恶行或者冲突。犯罪现在成了对社会和超自然律令的双重侵犯。公共的维度被置于私人之上。这给国家执行社会和道德律令提供了重要的依据。司法开始被看成是一种衡平，是对抽象概念的形而上的衡平。

范式之转变

正如笔者已经提到的，法律革命蕴涵了建构和理解真实之方

① Cf. Spierenburg, Spectacle, pp. 200ff.; Mark A. Sargent, review of Foucault in *New England Journal on Prison Law*, Spring, 1979, pp. 235 – 240; Heinz Steinert, "Beyond Crime and Punishment," *Contemporary Crises: Law, Crime and Social Policy*, 10, No. 1 (1986), p. 25; and Horace Bleackley and John Lofland, *State Executions Viewed Historically and Sociologically* (Montclair, New Jersey: Patterson Smith, 1977).

② 参见 Spierenburg, *The Spectacle of Suffering*, Chapter 2 and pp. 200ff。

式的范式转变。这种转变的基础是什么？能有和已有的答案是多种多样的。勒赛和马格瑙指出新范式的出现是为了解决社会或文化中亟待解决的问题。[①] 他们主张科学模式的产生就是为了解决中世纪晚期西方社会最严重的问题，即由诸如黑死病的巨大灾难所引发的问题。社会面临着控制环境的急迫需求，因而发展出相应的范式。然而随着新问题的出现，这种范式又显得不再适用，同时新的范式呼之欲出。

那么，报应性范式试图解决何种问题呢？一些解释聚焦于社会的复杂化和异质化，如人口增长、城市涌现和社会工业化等。也许解决问题的传统方法在失去小型社区基础的条件下已经力不从心了。 p124

其他解释注意到了社会或至少是社会上层遏制动乱的需要。他们希望减少阶级冲突并寻求维持秩序的手段而无须打破社会和政治不平等的模式。

一种普遍的解释指向了遏制私人复仇的需要。在这一观点中，复仇是难以节制的，只有赋予国家“法定暴力的专有权力”才能节制复仇。国家的代表机构常常有此论调，但历史学家却质疑复仇是否真如这种解释所说的那样毫无节制或者别无选择。

问题的部分答案也许在于新兴国家垄断与行使权力的需要。报应性范式试图解决什么问题呢？也许是国家合法化并巩固其权力的需要。按照社会学家刘易斯·科泽（Lewis Coser）的说法，现代国家是一个“贪婪的机构”。[②]

---

① Lawrence Leshan and Henry Margenau, *Einstein's Space and Van Gogh's Sky: Physical Reality and Beyond* (New York: Collier Books, 1982).

② Lewis A. Coser, *Greedy Institutions* (New York: Free Press, 1974).

无论如何，范式已然改变。但是，新范式的不足之处也很快显现，并引入了各种周转圆圈和修正。而今我们对其功能障碍的感受已很强烈。是否可能有其他的范式？如果有的话，它能吸收
p125 历史因素吗？我们的传统提供了一些可能方式。

第八章　圣约司法：圣经的选择

历史提供了一种异于国家司法的模式，即社区司法。还有另一种模式对于基督徒更为重要，即圣约司法。

圣约司法与报应性司法模式针锋相对的言论也许是振聋发聩的。毕竟人类社会中圣经最常被引用的地方正是这一领域。“上帝说：‘以眼还眼。’”还有什么比圣经以惩罚犯罪的方式施以应有的赏罚更清楚的呢?

但是，“以眼还眼”远不只是等价交换。根据进一步的探究，这一“同态复仇”原则的含义与大多数人的理解并不一致。甚至，它也明显不是圣约司法首要的主题和范式。

圣经说了什么?

关于犯罪和司法的话题圣经该说什么?显然有很多事情要说，但鉴于我们所处的时代和环境，并非每件事情对我们来说都具有同等意义。其中一些段落从表面上看来甚至是自相矛盾的。 p126

以下列摘录自《旧约全书》对法的陈述的例子为例：

人若使他邻舍的身体有残疾，他怎样行，也要照样向他行，以伤还伤，以眼还眼，以牙还牙。他怎样叫人的身体有残疾，也要照样向他行。（利未记，24：19－20）

不可报仇，也不可埋怨你本国的子民，却要爱人如己。我是耶和华。你们要守我的律例。不可叫你的牲畜与异类配合，不可用两样掺杂的种种你的地，也不可用两样掺杂的料做衣服穿在身上。（利未记，19：18－19）

人若有顽固悖逆的儿子，不听从父母的话，他们虽惩治他，他仍不听从，父母就要抓住他，将他带到本地的城门，本城的长老那里，对长老说，我们这儿子顽固悖逆，不听从我们的话，是贪食好酒的人。本城的众人就要用石头将他打死。这样，就把那恶从你们中间除掉，以色列众人都要听见害怕。（申命记，21：18－21）

他既犯了罪，有了过犯，就要归还他所抢夺的，或是因欺压所得的，或是人交付他的，或是人遗失他所捡的物。或是他因什么物起了假誓，就要如数归还，另外加上五分之一，在查出他有罪的日子要交还本主。（利未记，6：4－5）

不可并用牛、驴耕地。（申命记，22：10）

那亵渎耶和华名的，必被治死，全会众都要用石头打死他。不管是寄居的或是本地人，他亵渎耶和华名的时候，必被治死。（利未记，24：16）

p127

一些段落似乎强调报复，而其他段落则强调恢复。一些内容具有20世纪观念的意味，而其他内容则全然陌生甚至野蛮。显然我们不能照搬所有。我们该如何取舍？如何获得正确的解释？①

减少曲解的方法之一是严格遵照《新约全书》这一最新的圣经资料。在基督自身明确了“新约”取代“旧约”之后，这一方法获得优势。

显然《新约全书》必定是我们的首要标准，但忽略《旧约全书》就等于抛弃了丰富的素材，因其大多揭示了《新约全书》的背景和根源。为了更加全面地理解司法和上帝对全人类之旨意的内容，我们必须对《旧约全书》加以重视。其在人类社会中被引用得如此频繁，以至于如果没有其他理由，我们就不能忽视《旧约全书》。

当我们翻阅圣经，尤其是《旧约全书》时，我们首先要记住我们正在阅读来自另一个世界的著作。那个世界不仅在时间和空间上，而且在哲学思想、政治体制和社会结构上都离我们非常遥远。正如人们所预计的，法律具有全然不同的形式。它们具有和当代社会完全不同的价值目标和执行手段。② 甚至对罪恶、责 p128
任这类概念的前提假设也和我们的不同，而这又影响到了法律观和司法观。

比方说，罪恶是集体性的，责任也同样如此。因此，一些特

---

① 对于圣经注释方法的讨论，参见 Willard Mswartley, *Slavery, Sabbath, War, and Women: Case Issues in Biblical Interpretation.* (Scottdale. Pennsylvania: Herald Press, 1983), Chapter 5; and Perry Yoder, *Toward Understanding the Bible* (Newton, Kansas: Faith and Life Press, 1978)。

② 对于《旧约全书》的法则的有益介绍有：Hans Jochen Boecker, *Law and the Administration of Justice in the Old Testament and Ancient East* (Minneapolis: Augsburg Publishing House, 1980); Dale Patrick, *Old Testament Law* (Atlanta: John Knox Press, 1985)。

定类型的犯罪就被认为是侵害了整个社会。要消除这些罪恶，集体性的、仪式性的赎罪就显得必要，而在《旧约全书》中所建议的对待特定侵害行为的对策就具有在我们看来十分陌生的祭祀特征。

所有这一切都使得《利未记》和《申命记》中的法则在我们看来相当奇特。正如前文摘抄所述，在我们看来应由法典规定的事务，如谋杀和盗窃，却混杂于不宜由法典规范的事项之中（如有关农业、食物、着装、婚姻、战争的规范）。一些侵害行为和对策明显具有宗教和膜拜的维度，而另外一些却显得更为简单直接。

正因为我们的世界是如此不同，将圣经的——尤其《旧约全书》的——法律和司法规定直接应用于我们自己的情境就会显得问题重重。简单地挑选一条法则并塞入我们的情境中当然是不合适的，而选择孤立的概念并安到其他的哲学基础上也同样不明智。正如我们将看到的，这些做法实质上导致了对重要的圣经理念的歪曲。我们必须努力挖掘潜藏的原则和旨意，然后由此转移到诸如法律和司法的概念上。正如基督所言，我们必须抓住法则的精神实质，而不仅仅是文字。只有在此基础之上我们才能开始理解个别的圣经“法则”来进行当代的应用。

这些基本的视角和方针是我们必须努力阐明的问题。此处并
p129 没有对希伯来法的功能、形式、内容和执行作详细的分析。笔者
的方式其实是勾勒出潜在的方针，然后根据这些方针考察正义和
法律的概念。最后，笔者会尝试对当前所采用的犯罪和司法的含
义作出一些总结。

如果我们要试着阐明圣经的法律观和司法观（或者与此相关的其他问题），两个基础性概念是举足轻重的：平安（shalom）和圣约（covenant）。我们将以此为论述的起点。

平安：普世的梦想

《旧约全书》和《新约全书》所寓教义的基本主题之一都在于希伯来语“shalom”（平安，在希腊版的《新约全书》中相应的单词是“eirene”）。平安不是一个边缘化的主题，更非仅仅是众多主题中的一个。平安是一个基础性的“核心信仰”，众多其他的重要理念都围绕着它而组建。平安涵盖了上帝对人类的基本旨意和基本看法。因而，我们必须从平安的根源上来理解拯救、赎罪、宽恕和正义。

通常对“shalom”的翻译——“和平”——仅仅揭示了概念的一个方面，但并未适当地表达出这一单词的全部内涵。平安意指一种“一切都好”的状态，即在各种维度上事物都呈现应然的状态。《旧约全书》研究者佩里·约德（Perry Yoder）的权威性研究成果表明，圣经中所用的平安一词具有三重基本含义。① p130

与通常的理解相反，平安往往指称物质或身体的条件或环境。上帝的旨意是让人类拥有良好的身体状态。至少这意味着一种万事皆好的情形。而在某些方面，它似乎指向更多，指向繁荣和富足。无论如何，先知们栩栩如生地描绘出了未来的图景，包括健康和物质丰裕以及免遭诸如疾病、贫困和战争等身体上的威胁。

平安的第二个维度与社会关系有关。上帝希望人们拥有和他

① Perry B. Yoder, *Shalom: The Bible's Word for Salvation, Justice and Peace* (Newton, Kansas: Faith and Life Press, 1987). This chapter draws heavily upon Yoder's discussion of shalom, justice, law, and covenant.

人、和上帝的良好关系。生活在平安中意味着人们生活在和平里，没有敌意（但并不一定没有冲突）。

圣经清楚地说明了这一概念内含拥有人与人之间正当的经济和政治关系。圣经多次阐明压迫和不公是对平安的违背，不能反映正当关系，绝不允许存在。平安有赖于人们之间的良好关系，这就意味着要消除压迫。根据物质条件和权力大小划分等级以致一些人陷于贫困和压迫，这种现象无法与平安并存，因为平安意味着社会中的一切都状态良好。当它有所欠缺，平安就无法实现。

圣经用语平安的第三重应用或说维度体现于道德伦理领域。根据约德的说法，平安在此时意指一种“坦诚”。此应用下的这一概念在两个方面起作用。它意指在相互交易时诚实无欺或是一种无过错的状态（例如没有罪过或过错）。平安包含了诚实的状
p131 态，道德完善的状态。平安的这一维度十分重要，但在圣经中却很少提到。

平安表明了上帝的旨意。上帝希望人们生活在物质世界，人际、社会和政治关系，以及人性“一切都好”的状态里。当事物未呈现出应然状态时平安就没有了。平安的缺失也是《旧约全书》预言者对上帝子民之批判的核心。对平安的看法也塑造着人们对未来的承诺与希望。

平安更为丰富的内涵已然超出了我们在此探讨的范围，对平安的这一看法潜藏在圣经信仰之其他核心支柱的含义之中。对平安的认识也有助于我们理解圣经故事里上帝的行为和上帝的承诺。

平安的主题巩固了《旧约全书》的思想，但它同时也是《新约全书》的核心。《新约全书》的作者们用类似于“shalom”

的“eirene”一词来定义上帝带给人类的福音。[①] 正如“shalom”那样，“eirene”表示人与上帝之间、人与人之间在不同层面上的和平。

基督的生命、教诲和受难展示了这样一种生活模式。它们不仅改变了人神关系，而且改变了人际关系。用约旦（Yoder）的话说：“耶稣的降临使人们之间以及人与上帝之间甚至万事万物都呈现出应然的状态。”[②]

因而，和谐是《新约全书》中的一个重要主题，但上帝所希望的“一切都好”的状态一如既往地具有《旧约全书》中平安所有的物质和身体的维度。 p132

圣约：平安的基石

平安在圣经中最基础、最首要的模式就是圣约的观念。[③] 在古代近东将以色列人与其同代人如此显著地区分开来的部分原因就在于相信上帝与人订立了一个圣约。这种圣约的观念深刻影响了有关法律、正义、社会秩序、信仰和希望的观念。与周边社会的法规相类似——在某些情况下甚至完全一致——的法规基本上

① Yoder, *Shalom*, pp. 19 – 21.

② Yoder, *Shalom*, p. 21.

③ 除 Yoder 的著作外（e. g. , pp. 75 – 82），笔者大量参考了 Millard Lind 对于圣约和法则的讨论。参见“Law in the Old Testament,” in *The Bible and Law*, ed. Willard M. Swartley, Occasional Papers No. 3 of the Council of Mennonite Seminaries（Elkhart, Indiana: Institute of Mennonite Studies, 1983）; and *The Transformation of Justice: From Moses to Jesus*, Issue No. 5 of *New Perspectives on Crime and Justice: Occasional Papers*（Akron, Pennsylvania: Mennonite Central Committee, 1986）。

是从圣约转化而来的。

在圣经的世界里，圣约是双方订立的有约束力的契约。圣约拟制了双方的私人关系并暗含特定的对等责任和承诺。圣经信仰假定了一个上帝和人之间的圣约，一个建立在上帝救赎的正义行动之上的圣约。在《旧约全书》中救赎的核心行为就是一次解放行动，即“出埃及”。上帝作出了救赎的行为是出于上帝的爱，而不是人所应得的或挣得的。

尽管“出埃及”有明确记载，但这个《旧约全书》的故事只是多次解救、多次救赎行为中的一次。先知们将这些反复的解救行为理解成上帝与其子民订立之圣约中上帝所作承诺的一部
p133 分，即使这样上帝的子民还不断背弃圣约中他们一方的责任。

自从上帝与人类的关系转好以后，人类偶尔也会修正与上帝之间的圣约，以便为“平安”的实现创造条件。因而，圣约既是平安的基础，同时也是平安的实现模式。

但是，圣约意味着相互间的责任与义务。法律和司法为人类通过履行义务来领悟并创造平安提供了途径。

离开埃及奴隶的生涯故事建立起了圣约的模式与平安观念的基础，它是《旧约全书》中记载的重要的大解救行动。以基督生、死和复活为代表的新解救运动构建了新约的基石，即一种全新的共存方式。也许《新约全书》是对圣约的更好诠释，它以一种全新的形式对先前平安和圣约的观念进行了继承和发展。人与上帝之间、人与人之间一种全新的关系由此终于出现。正如《旧约全书》中上帝的救世和解救是旧约的基础一样，新约中上帝赋予了人类平安共存的环境，这一环境也包括人与上帝之间，人与人之间的相互责任。

《旧约全书》中的圣约建立在救世和解救这一重要法则之上。这个圣约奠定了新社会产生和发展的基石，这一基础具有鲜

明的特点，并有着自己实现平安的原则。《新约全书》中的圣约仍旧建立在救世和解救的法则之上，它同样也为一个全新的人类社会奠定了基础，也具有自身的践行原则，这种原则为上帝带给这个世界的平安提供了条件。在此圣约依然具有基石性的作用。 p134

作为转变之动力的平安和圣约

在圣经社会中，平安和圣约是法律和司法观念产生与发展的动力。伴随着自身的发展，希伯来人和古代近东社会的人面临着许多共同的需求与压力，如古巴比伦的统治者汉穆拉比以及希伯来人的领导人当时都面临着发展、城市化和专业化过程中的统一和标准问题。在这一过程中以色列和其他近东国家在立法和司法的运作方面常常表现出相同的形式，有时甚至具有相同的根源。但是，希伯来的法律和司法观念与汉穆拉比的法律相比具有根本上的差异，因为希伯来的法律和司法观念是从平安和圣约中转化而来的。

研究《旧约全书》的学者米勒德·林德（Millard Lind）提出，《汉穆拉比法典》是国家的法律，它宣扬等级制，具有强制性和惩罚性。它根源于至高无上且拥有一切权力的君王。[①] 与此相对，希伯来法律则认为上帝是一切权力的根源，上帝高于一切君王。上帝充满人性而且仁慈可信，他关心受压迫者，关注人类的生存环境。这些品质被吸纳入平安和圣约的信条之中，并转化到了圣经的法律和司法观念之中。因而圣约的司法与国家的法律形成了鲜明的对比。

观念的转变非常重要，它同时还具有其他层面的意义。上帝

---

① Lind, *Transformation of Justice*, p. 3.

p135 在一定的时限内进行活动，这种活动也受到认知范围的限制。人类的认知总是不完整而且就像基督提醒我们的那样（马可福音，10:5）对此打折扣。然而上帝极力推开这些局限，以求提升我们的理解力与洞察力。结果，人类的认知在圣经故事里、在历史上不断地发展。作为这一过程的一部分，基督建立起但又常常转变旧的圣约理念。平安和圣约的观念是转变的推动性力量，是法律和正义的塑造性理念，但反过来说他们也同样被改变着。

因此，观念的转变作用于好几个维度。林德颇有贡献地将这一多维度的过程命名为“从摩西到基督的正义的转变”。

圣约正义

正如平安观念所预示的，正义问题并非是圣经的边缘化内容。正义并不是我们可以选择忽略的“选项”。[1] 正义与平安的关系有关并且对上帝做什么，上帝是谁，以及我们将何去何从而言极其重要。事实上，正义是检验平安的准绳。

不足为奇的是，正义的话题在圣经中经常出现。而当先知们谴责以色列对其上帝的背弃时，他们清楚地表明了非正义是与对神不敬一样严重的问题，这一点也同样不足为奇。

尽管没有直接译作“正义”的单个的希伯来语，但有两个
p136 词语常常在这一意义上被译作英语，即“sedeqah”和“mishpat”。[2] 尽管这两个词语都不是英语中正义的完美表述，但其都

---

① 除所引文献外，另见 Matthew Fox, *A Spirituality Named Compassion and the Healing of the Global Village*, *Humpty Dumpty and Us* (Mineapolis: Winston Press, 1979)。

② Lind, *Transformation*, p. 1.

有公平正义、“正当秩序”，以及恢复应然状态的意味。实现正义就是恢复应然状态，而上帝与以色列的圣约关系的历史就是一个典范，一种承诺，一次呼吁。正义的术语由此从耶和华和以色列的关系中产生。圣约正义根植于平安的观念，后者以上帝与其子民之圣约关系中的救赎行动为典型。上帝应对犯错的态度提供了通往上帝正义的重要窗口。

那么，上帝正义的特性是什么？

沿着希腊和罗马的足迹，我们试着将正义分为诸如“社会正义”（有时也被称为“分配正义”）以及“刑事正义”（或曰“报应正义”）两大领域。当我们谈及有关财富和权力分配上的错误时，我们称之为社会正义问题。当我们论及被法律定义为犯罪的错误时，我们将之归类于报应正义的范畴。

分配正义在人们看来很难实现，是一个遥远的目标，而与此同时，人们又积极地追求报应正义。我们假定那是因为人们可以界分不同领域的正义并用不同的方式对待它们。

圣约正义更加完整。它将两者看做是同一整体的两个方面。在任何一方面，任何种类的非正义都是对平安的违背。压迫者的行为与攻击者、抢夺者的行为一样严重。它们都是对平安的违背。正义是不可分割的。 p137

报应正义和分配正义虽然有不同的运作规则，但两者都认为正义关乎对奖惩的公平分配。两者都与保证人们各得其所有关。因而，报应正义和分配正义都建立在对等的、公正奖惩的原则之上。这通常也就意味着一种抽象的、道德的律令，在哪里失衡都必须得到纠正。它同时也暗示着正义必须是应得的或挣得的。例如，分配正义认为，在某种程度上人们必须自己赚取他们所得到的东西。相应的，报应正义的核心事务就是确保人们获得他们应有的惩罚。

圣经在某些地方认同了这种“以牙还牙”式的正义，但其重点却在其他地方。以牙还牙式的正义必须由平安正义加以调和，而平安正义，就像上帝的救赎，关心的是人的需求，而不是功过。

对教条主义的、针锋相对式的正义的彻底否决贯穿在整个圣经故事中。它出现在很多地方，在那些地方律法所规定或认可的结果都没有被执行。尽管该隐（Cain）因触犯谋杀罪而应当被判死刑，但上帝拒绝了这一惩戒。当何西阿（Hosea）的妻子犯下重罪时，她也被赦免了。犯了通奸罪的女人按照当时的标准应当被处死，但耶稣还是拒绝了惩戒。这种对应有惩罚的拒绝同样在葡萄园工人的基督故事中得到证明。中午才开始劳动的工人与那些一大早就开始劳动的工人获得了同样丰厚的报酬，这显然与针锋相对式正义的要求相对立。

总而言之，这一对应有惩罚的拒绝被上帝自己的行动，即代
p138 表平安正义的行动所证明。面对一再的犯错，上帝仍没有放弃以色列。

人们倾向于认为爱和仁慈不同于甚至是对立于正义。法官宣告了判决，而后作为仁慈的体现，他可能又会减轻惩戒。但是，圣约正义却是由爱而生的。这种正义事实上是一种爱的行动，来恢复应然状态。爱和正义既不对立，也不冲突。相反，爱为正义提供了为恢复应然状态所最先寻求的东西。

西方关于浪漫的激情的爱的概念在此并不会混淆我们对作为行动源泉的爱的理解。圣经中爱的概念并不排除人们的感受。当然基督明确地指出，恨的感受与行为一样严重。可是爱并不是一种多愁善感的感觉，爱其实是一种关心他人幸福的自觉行动。当圣经论及爱时，这些语句通常意味着行动和意愿而不仅仅是感受。

圣约正义试图恢复应然状态，而其重点则在于解救。上帝希望通过解救那些受到物质、社会和感情压迫的人来恢复应然状态。正义是一种解救的行动，解救的发生并不是因为它是应得的，而是因为它被需要。

我们对正义的概念来源于罗马，但却是法国大革命赋予了它法律的形式，即一个蒙住双眼的女性中立地平衡着一架天平。正义平等地对待人们，没有偏袒。但它真的只是平等地对待各种不平等吗？难道不是强化了不平等吗？圣约正义希望恢复应然状态，这就往往意味着对不平等的解救。因而，圣约正义明显偏向于那些受压迫和贫困的人。它很明显地站在穷人的一边，体谅他们的需要和不便。圣约正义是睁开双眼的，同时双手伸向那些需 p139
要帮助的人们。

正因为圣约正义希望使事物更加美好，所以正义并不是用来维持现状的。实际上，它的意图在于动摇现状，来改进，来向着平安发展。朝向平安的发展并不一定对所有的人都是好消息。事实上，它对于压迫者来说是个十足的坏消息。它同样站在“通过工作维持秩序”之正义观的对立面，后者实际上致力于维持现有的秩序，或说现状，即便是面对非正义之时。

圣经视阈下对正义的检验并不在于是否用正确的方式适用了正确的规则。正义是由其结果来衡量的，正如树是由其果实来衡量的一样。① 是实体而非程序决定了正义。那么事情应该是怎样的呢？最佳的检验就是贫困者和受压迫者受到了怎样的影响。

---

① Cf. Herman Bianchi, *A Biblical Vision of Justice*, Issue No. of *New Perspectives on Crime and Justice*: *Occasional Papers* (Akron, Pennsylvania: Mennonite Central Committee, 1984), p. 7.

圣经时代正义的实际执行虽不一定是这一理想的完美体现，但还是处处蕴涵着圣约正义的观念。[①] 一旦有恶行发生，普通民众就会来到城门口在市民参与的“司法大会”中寻求正义。这种法院，有时也被称为“调停机构”，所关注的不是迎合某些正义的抽象概念，而是寻求解决办法。在此，审判一词可以被解释为处理，归还和赔偿是通常的处理结果。本章之前所引《利未记》第六章中的一段话就典型地说明了它要求弥补损失，再加上额外
p140 赔偿。在《出埃及记》的第十八章，摩西（Moses）建立起了一整套的审判体系。他的目标不在于分出胜负，而在于确保所有的这些人都（能够）满意而归。

根据这种强调，表示归还的“shillum”一词和表示赔偿的“shillem”一词具有与“Shalom”相同的词根就不足为奇了。归还是恢复应然状态的途径。赔偿提供了问责的机会，虽然它有时

① 参见 Boecker, *Law and the Administration of Justice*, pp. 31ff。

被解释为报应，但蕴涵满足而非报复之意。它们都关乎于恢复平安。①

侵害行为被认为是对人和平安状态所犯的恶行，而司法过程则包含着处理问题的过程。这正是《弥迦书》第六章所描述的范例：以色列人违背了上帝的旨意，破坏了圣约。上帝的痛心通过极具当代诉讼特征的形式体现出来。通过先知弥迦（Micah），上帝的痛心和这类恶行所带来的后果经由文字的形式表达出来。p141
即使如此，上帝也不会放弃。《弥迦书》第七章第 18 节就证明了上帝的正义："神啊，有何神像你，赦免罪孽，饶恕你产业之余民的罪过。不永远怀怒，喜爱施恩。"

正如这一事例所表达的，报应是《旧约全书》的主题之一。

---

① 参见 Dan W. Van Ness, *Crime and Its Victims* (Downers Grove, Illinois: InterVarsity Press, 1986), p. 120; and Van Ness, "Pursing a Restorative Vision of Justice," in *Justice: The Restorative Vision*, Issue No. 7 of *New Perspectives on Crime and Justice: Occasional Papers* (Akron, Pennsylvania: Mennonite Central Committee, 1989), p. 18。

米勒德·林德（Millard Lind）提出了如下定义：

Shillum：回报，报应，报酬。

Shillem：赔偿。

Shalom：由圣约关系带来的良好状态。.

Mishpat：上帝公正的社会化表述；由神人关系及在此基础之上的人类内部关系所引发行为的专用术语。

Sedeqah："mishpat"的同义语，可译为正义。它们的差异在于，"mishpat"意指实施的正义，而"sedeqah"是上帝作为最高主宰的一种属性。通常它会被翻译成救世或胜利。当用于人类时，它意指道德行为，那些追随耶和华的行为和教诲的人类行为。

Eirene：国家和个人的和谐和一致；源自于圣约的安全和良好状态（参见"Shalom"）。

但上帝的惩罚通常在平安的框架下进行。即使惩罚常常施加于人，它也不是司法的归宿。惩罚常常是为了实现恢复或者推翻压迫（比如为受压迫者“辩护”），并且这一平安的框架有助于限制报应的倾向。

同样，惩罚也常常被认为在仁爱与社区的框架下进行。这表明惩罚可以被看做是公平的、该当的。它也继续为最终的和解和恢复而非永恒的疏离留下可能。因此，它是恢复性的而不是破坏性的。惩罚并不是归宿。平安的理念由此调和了报应正义的运作。圣约正义显然不是究问进行定罪判刑的。确切地说，圣约正义是一种恢复应然状态、寻求能够带来幸福之解决办法的尝试。

圣约的法则

圣约司法对内容实质性的关注远远大于对形式合法性的关注。恶行首先不是被定义为对规则、对法的不遵从。司法不是对规则的正确适用。

这就多少使我们产生了疑虑。我们倾向于在法律中发现正义和秩序的双重保障。因此，我们将侵害看做是破坏法律并将司法
p142 看做是适用法律。但圣经都没有做到。

《十诫》是最著名的圣经法则（即使不一定是最典型的），它提供了一个认识法律的本质和功能的窗口。如果用自身法律的视角来诠释这些规则我们就会首先将它们看做强行性命令和禁止性命令：“你必须做这个或者其他。”这一法规大全的确可以用后世的口吻加以阅读，但《十诫》和众多圣经法则一样像是指导、是承诺：“如果你真的安守本分，那么这就是生命的应然状态。不可杀人。不可偷盗……”十诫意指一种在圣约与平安下

生活的模式，事实上整个《摩西五书》都是如此。[1]

因而，《摩西五书》是一种在旧有圣约的平安中生活的模式。如果我们首先将之看做是一组禁止性命令，一组不容违背的命令，那将是一种误解。它是一种承诺，是一种指导，是一种生命应然状态的范例。

如果说《摩西五书》的社区生活模式是基于旧约，那么《登山宝训》（*the Sermon on the Mount*）就提供了一种基于新约的生活模式。同样，如果我们首先将这一系列的教义看做是规则、是强制性命令和禁止性命令，那也是一种误读。和《摩西五书》一样，它是一种指导，一种平安的模式。较之于规则，两者更多是对我们安守本分、在平安下生活时生命应然状态的勾勒。

在此，圣经法则旨在提供一种方针："你当照此前进。"《摩西五书》将"教育"进行了演绎，包括故事和行动指南。鉴于我们对法律严谨性和不可改变性的理解，我们常常会惊讶于以色 p143
列人质询和争论法律的方式。然而，法则是被用来传授道德准则的。而且它们是讨论的起点，是人们欲就法律而为之讨论的起点。马丁·波伯（Martin Buber）在其圣经的德语译本中或许最好地抓住了圣经法则的核心精神，称之为"智慧的指示"。圣经法则确立了方针并由此建立起各种原则，但仍允许讨论。

圣经法则本身只是一种手段而不是目的。最好的法律是不成文法，而且重要的是其精神而非条文。这是《摩西五书》的本意，但随着时间的推移它开始变得越来越僵化。而且，这种教条主义，这种死板僵硬正是基督所反对的。这一视角同样有助于解

---

① Herman Bianchi, *A Biblical Vision*, pp. 5－7. 同样参见他对"Torah"和"sedeqah"的讨论。

释为何在《旧约全书》中得以实施的总是精神，而非条文。正如基督在他对安息日的评注中所指出的，法律为人而设，而非人为法律而活。其旨意在于使“智慧的指示”得以内化，使法律的要旨得以遵循。

圣经在一系列话题中都有不少关于法律的详细表述。我们倾向于从自身法律的视角来理解这些法则，所以，我们将其理解为法律规则。但事实上很多法则只是记载了过去的司法裁判，为寻找可能适用于其他情境的原则提供了方向。它们是智慧的指示而不是行为的规则。它们提供了用以解决纠纷的原则，而不是定罪量刑的基础。

法律是一种手段，不是目的。它是建构平安、建构良好关系的工具。它最典型的目的不是惩罚而是救赎，是恢复应然状态。

p144 与古以色列同时代的法典结合了社区法和国家法的因素。①但最终这些法则，如《汉穆拉比法典》，就像今天的法典一样，成为了非个人的、建立在国家强制力之上的法律。然而，圣经法则的圣约基础表明遵从是对上帝解救行动而不是政府强制力的回应。而且，法律和政治权威都要服从于上帝，两者都不具有独立的地位。法律不是自治的，法律的创制和执行也都不是国家的中心职能。尽管以色列采用了君主制的形式，但法规也从没有成为国家的中心，所以法律的执行仍旧首先是当地法院和宗族的事情。

圣经法则的形式反映了其圣约的基础及其救赎的核心。《圣经》法则通常都始于有关上帝所作所为的陈述，然后引渡到正

① 对法则的这一讨论首先由 Lind，Yoder，Boecker 和 Patrick 发起。然而，同样参见 John E. Toews，“Some Theses Toward a Theology of Law in the New Testament，” in *The Bible and Law*，ed. Willard M. Swartley，pp. 43－64。

确的回应。也就是说，法律的陈述通常都始于所谓的“目的条款”。上帝作出了解放救赎的行动，因此这就是正确的回应。例如，《申命记》中对奴隶的法则就契合这一目的条款：

> 你也要纪念你在埃及地作过奴仆，耶和华你的神将你救赎，所以我今日吩咐你这样行。

类似的，《十诫》也照样提示着上帝的解救行动（申命记，5:15）。这一目的条款是众多《旧约全书》法则的特点，[1] 但保 p145
罗（Paul）也将同样的“所以”模式应用到了《新约全书》里。

这种目的条款、“所以”模式直接来源于圣约的理念，并且基于这种形式，法律本身就成了对圣约的重申。圣经法则根源于上帝的救世行动，其这样做是出于爱，而不是因为人所应得。正因上帝为我们做了这些，所以这就是我们所应回报的。然后这种模式就通过法律表现出来。这一法律的形式阐述的不仅是我们的责任，而且是承担责任的原因：上帝救赎的行动。

从《旧约全书》一直到《新约全书》，真正的圣经故事是：上帝并没有放弃。我们正是以这种方式来效仿上帝，在无差别的爱、爱不值得被爱之人、宽容、仁慈等方面表现“完美”。

“以眼还眼”的谚语总是被用来概括圣经法则针锋相对的报应性本质。然而，这一谚语在《旧约全书》中只出现过三次。在《新约全书》中，基督还明确地否定了这一做法。“你们听见有话说‘以眼还眼’”，他说，“可是我告诉你们，要善待损害你的人”。他岂不是直接否定了旧约法则吗？

---

[1] 详见《申命记》12:18 和《利未记》17:26。对动机条款的简要讨论，参见 Lind, “Law in the Old Testament,” pp. 17ff. and Yoder, *Shalom*, pp. 71ff。

“以眼还眼”是有关均衡的法则，旨在限制而非鼓励复仇。它限制了破坏性的报复。事实上，这一法律原则构成了偿还的基础，提供了应对恶行的均衡原则。

因此，“以眼还眼”的重心不是报应而是限制和均衡。还不止如此。在圣约的背景下，出于对解救的关注，这一普遍原则同
p146 样也建立起了公平。

《利未记》第二十四章是出现这一谚语的三处中的一处，“以眼还眼”原则诗意地出现在多个版本中。紧随其后出现的告诫是必然存在一种适用于所有人的标准，既适用于当地人也适用于外来人。外来人常常就是被驱逐的人、被压迫的人。上帝不断提醒以色列人他们曾经也是外来人，是上帝本身的救赎行为拯救了他们。反过来，他们就应该照顾身边的外来人。于是“以眼还眼”之类的路标就确立起了一视同仁的理念。

复仇的动机出现在《旧约全书》里并得到了承认，但早期的圣经法则试图建立起一些限制。其中一种限制便是“同态复仇”，即关于均衡的准则。[1] 另一种是多个城市的避难所。《申命记》第十九章就授权建立避难所，在那里，那些犯了过失杀人罪的人可以逃离，并且在稳定情绪并举行谈判期间获得保护。

圣经的范式

所有这一切都表明圣约司法的范式（包括《旧约全书》的司法）并不能在报应中寻找。重点不在于“以眼还眼”而在于目的条款。上帝本身对恶行的回应就是典型的例证。

---

① 参见 Patrick, *Old Testament Law*, chapter 4; Roland de Vaux, *Ancient Israel* (New York, McGraw - Hill, 1961), p. 149; Boecker, *Law*, 171ff。

面对恶行，上帝用人类的话来说就是生气了，充满愤怒。这些被翻译成愤怒和生气的词根（aph，anaph，naqam）具有生动形象的寓意，包括激动、哼气和深呼吸。上帝生气了而且有时就 p147
意味着惩罚开始了。①

然而，我们必须在此再一次地谨慎对待翻译。希伯来语的研究者提出，有一些常常被翻译为报应和惩罚的字根还意味着抑制、教诲、矫正。惩罚的概念也许是现代的，但它常常比我们的英语单词拥有更多的不同寓意。② 而且，保罗还在《罗马书》第十二章第19节中引经据典地提醒我们这种惩罚是上帝的事务，而不是我们的。

这些寓意有助于解释看似矛盾的描述，即又将上帝描述成惩罚者，又形容上帝不轻易发怒并充满爱意（如出埃及记，34:6；民数记，14:18）。上帝惩罚人类，但上帝也充满诚信。以色列

---

① 参见 Virginia Mackey, *Punishment in the Scripture and Tradition of Judaism, Christianity and Islam*, a published paper presented to the National Religious Leaders Consultation on Criminal Justice, convened by the National Council on Crime and Delinquency in Clarement, California, in September, 1981, p. 43. See also C. F. D. Moule, "Punishment and Retribution: An Attempt to Delimit Their Scope in New Testament Thought," *Svensk Exegetisk Arssbok*, XXX (1966), pp. 21–36; James E. Lindsey, Jr., "Vengeance," in *The Interpreter's Dictionary of the Bible*, supplementary volume (Abingdon: Nashville, 1976), pp. 932–933. On God's wrath, Mort MacCallum-Paterson's writing has been most helpful. See, for example, "Blood Cries: Lament, Wrath and the Mercy of God," *Touchstone*, May 1987, 14–25; and *Toward a Justice That Heals: the Church's Response to Crime* (Toronto: United Church Publishing House, 1988)。

② Bianchi, *A Biblical Vision*, pp. 1–2. Cf. Moule "Punishment and Retribution".

一而再、再而三地犯错，上帝才终于发怒了，但上帝仍没有放弃。也就是说，上帝把愤怒变成了恢复。这种报应服从于平安，
p148 缓和和限制了报应性司法。[①]

上帝司法的这一特征在《利未记》第二十六章和《申命记》第四章中得到了戏剧性的证明。以色列人得到了有关恶行的可怕后果的逼真描述。可怕的事情即将发生。但这一章节却以承诺上帝不会放弃而结束。上帝不会毁灭他们。上帝是信实和怜悯。

在《新约全书》中，基督的目光甚至更为明显地聚焦于对恶行的恢复性处理。这并不代表对《旧约全书》方针的根本性突破，也不是对旧约全部要旨的违背。确切地说，它代表着理解的深化，是对司法的继续革新。

圣经始于一个谋杀故事。圣经在此承认了无节制的报复是自然的、人性的反应。《创世记》第四章就将“拉麦法则”描绘成遭报 77 倍再乘以 7，几乎没有止境的意思。[②]

但很快复仇就停止了。在该隐一案，即第一个谋杀故事中，“常规的”以死亡作回报就没有适用。而且在《利未记》中我们发现了“以眼还眼”是有关限制、有关均衡的原则。

包括在内的还有其他限制：“爱你的邻居，不要对你的兄弟姊妹复仇。”维恩·雷德科普（Vern Redekop）对《利未记》19:17 - 18 做了有益的诠释：

> 不要让你的内心充满对兄弟姊妹的怨恨。与你的同

① Yoder, *Shalom*, p. 36.

② Clarence Jordan 在好几处提到这种从无节制的报复到无条件的爱的转变。参见，如 *Sermon on the Mount* (Valley Forge, Pennsylvania: Judson Press, 1973), rev. ed., pp. 63ff。

> 伴对质，对他或她发起有力的诉讼。不要让自己在行动（罪恶）的错误道路上越走越远。不要对你社区里的人寻求报复，不要对他们怀恨在心。爱你的邻居如同自己。我是你们的主。①

只有当我们关心相互的福利，即使是面对恶行时，平安才能实现。

基督继续了这一主题，加深并扩展了它的应用。“善良的撒玛利亚人”的故事指出，我们的邻居并不简单地是和我们自己一样的人。我们的责任超出自己人的范围。事实上，我们应该善待即使是损害我们的人。不要无节制地复仇，就是“拉麦法则”。不要有节制地复仇，就是“以牙还牙的法则”。取而代之的，是无止境的爱。或许他将复仇扩大到77倍乘以7倍这一几乎难以想象的数字是不会发生的。但从无节制的报复到无止境的爱，我们的确兜了整整一圈。

将人们从压迫中释放出来而不计较其功过的上帝，在愤怒上是有限的，但在爱上是无限的（在《申命记》诗一般的语言中，即为“延续至千秋万代”）。我们被教导应当效仿的是上帝无止境的爱，而不是上帝的愤怒。目的条款同时也是一种示范性条款。②

是动机条款，而不是“以牙还牙”，抓住了圣约司法的实质。这种范式是恢复，而不是报复。

在第二章中，笔者勾画了当前报应性司法模式的一些基础性

---

① Church Council on Justice and Corrections (Canada). “Update” (Spring 1985).

② Lind, *Transformation*, pp. 5ff.

假设。那么这些假设是否符合圣经的尺度呢？下表对比了现代司
p150 法观念和圣约司法观念。

现代司法观念和圣约司法观念

	现代司法	圣约司法
1	司法被划分为不同的领域，各自适用不同的规则	司法被看做是完整的整体
2	司法的执行是对罪过的究问	司法的执行是对解决办法的寻求
3	司法由规则、程序加以衡量	司法由结果、实质加以定义
4	强调施加痛苦	强调改正错误
5	惩罚作为目的	惩罚寓于救赎、平安的背景
6	报偿基于该当	司法基于需求而非该当
7	司法对立于仁慈	司法基于仁慈和爱
8	司法中立，宣称人人平等	司法兼具公正和无袒护
9	司法维护现状	司法积极、进步，意图改变现状
10	关注罪过和抽象原则	关注已然的损害
11	恶行是对规则的侵犯	恶行是对人、关系、平安的侵犯
12	罪过不可饶恕	罪过可以饶恕，但需承担责任
13	区分“加害人”和其他人	承认我们都是加害人
14	个体单独承担责任；社会和政治背景无足轻重	个体担责，但寓于整个背景
15	行为是自由的选择	行为是选择，但承认邪恶力量的作用
16	法律是禁令	法律是“明智的向导”、老师、可为讨论的问题

续表

	现代司法	圣约司法
17	关注法的条文	崇尚法的精神
18	国家是被害人	个人、平安状态是被害人
19	司法导致分裂	司法旨在撮合

当前的司法体系首先是一个定罪的体系，所以它关注过去。圣约司法首先旨在解决问题、寻求解决办法、恢复应然状态，所以它面向未来。

今天的司法旨在针对他或她该当的报应加以行使，确保人们
得到其应得的报偿。圣约司法在需求的基础上作出回应，常常以 p152
德报怨。圣约司法作出回应是因为平安状态的缺失，而不是因为
司法是该当的。

定罪之后我们的第一反应——而且常常是唯一反应——就是施加痛苦以为惩罚。痛苦一旦施加，司法的过程也就结束了。然而，当惩罚在圣约司法中发生，它往往就不是终点而是通向最终恢复的手段。而且，惩罚主要是上帝的事务。圣约司法主要关注的是通过救助需要帮助的人来改正错误，来建立平安。

今天对司法的评价往往是正当程序是否得到了遵循。圣约司法或“sedeqah”司法的衡量标准则是实质，是结局，是其成果。结果是否有助于错误改正？错误的纠正是否有利于穷人和最弱势、最不该当的群体呢？圣约司法关注的是正当的关系，而不是正当的规则。

我们的法律体制将侵害行为定义为对规则、对法律的侵犯。我们还将国家定义为被害人。但在圣经术语中，恶行不是对规则的违背，而是对正当关系的破坏。被害人是人和关系，而非规则

或是政府甚或是道德秩序。

因此，圣约司法的前提假设全然不同于我们当前的司法。但从圣经的视角对现代司法的批判远不止笔者在第二章中所罗列的假设。圣约司法不允许我们将“犯罪”的问题和贫困与权力的问题分裂开来。司法是个整体，它不能被分割。犯欺诈罪或因破坏环境而损害人民的法人团体和那些犯谋杀罪的个人一样要为他
p153 们的行为负责，而且，还必须考虑犯罪的社会背景。人们不能将犯罪行为或犯罪人从其背后的社会环境中割裂出来。任何形式的非正义的法规都必将受到挑战。

当前的司法追求中立和无偏私。它希望人人平等。它的首要目标是确保秩序的维持。正因为如此，而且正因为它可以将刑事正义的问题从社会正义中割裂出来，它才得以维护现有的秩序，或说现状。所以，现代法律时常是一股保守性力量，而圣约司法却是一种旨在改变现有秩序以趋向更为公正之秩序的积极的、进步性的力量。通过这种做法，它给予了穷人和弱者特殊的照顾。

现代司法将国家及其强制力置于中心地位，将其视为法律的源泉、警卫和执行者。圣约司法将人和关系放在中心地位，认为法律和政府都从属于上帝。

由此，圣约司法提供了一种替代性的范式，来批判性地挑战当前国家中心的、报应性的手段。

历史的短路

总之，和普遍的假设不同，圣约司法首先应当是恢复性的而不是报应性的。可如果这是真的，那么，这样一种错误的印象又是如何发展起来的呢？恢复性的主题又是怎样被报应性的主题打

败的呢?

有人认为，这种错误印象的发展是因为由圣经理念和希腊—罗马理念的混淆所引起的一场“历史的短路”。[①] 在圣约和平安语境下具有特殊含义的“以牙还牙”法则之类的概念，从他们 p154
的语境中被抽离并嫁接到更具惩罚性和抽象性的希腊—罗马哲学之上。报应和处罚的观念失去了他们在平安中的基础，并且脱离恢复性的语境或目标而成为目的本身。希腊—罗马对抽象原则和理念的崇尚导致了正义和报应性概念的抽象化，这违背了圣经法则的精神。于是原始的重点被丢弃和歪曲了，而一些旧有的形式则保存下来了。结果，这种新的杂交的视角俨然具有了圣经的渊源。

在那以后，人们开始透过这一镜片来回溯圣经，根据这种视角来解释和翻译圣经中的片段。带着强调严刑峻法、罪过、惩罚以及谴责的报应性的思维倾向来操作，就很容易在圣经中找到这样的主题，也很轻易地忽略掉更多的、更重要的有关恢复的故事。

我们对于圣经中的核心事件——赎罪的理解可能是恰当的事例。约德解释说圣经本身并没有提供有关赎罪的发展的理论(即是基督之死)。[②] 相反，圣经提供了一系列的明喻、隐喻和洞察，神学家用之以建构各种各样的解释。

对很多人来说核心的问题是基督为何而死，一个人的死为何可以“救赎”其他人的罪?为了回应这一问题而创建的理论倾向于从罗马司法观念的角度来解释圣经的其余内容。

比如，一些关于赎罪的理论将上帝看做是一位需要安抚的发

---

① E. g. Herman Bianchi, “Justice as Sanctuary.”

② Yoder, *Shalom*, pp. 53 – 70.

怒的裁判者。人类是犯罪的罪人并且冒犯了上帝，人们应该受到惩罚，因为惩罚合乎规范而且不能弥补。上帝不能轻易宽恕人类因为那将代表着报应性司法的失效。人类欠下了债，基督用他的生命来偿还。这一思路的语境很明显是报应司法而不是平安
p155 正义。

《罗马书》第五章第1～11节的通常注释和运用体现了这一视角。这一章节的开篇语词是和平和司法，但注释却模糊了这一维度。① 于是它们常常被注释为“信仰让我们与上帝和平相处”（修订标准译本）。绝大多数的新教徒醉心于为其辩护，将其解释为上帝宣告我们无罪（即使我们确实有罪）所依据的法则。司法的过程、法律的拟制是赎罪的核心，而且它需要上帝的行动，而不是我们的。洛伊丝·巴雷特（Lois Barrett）指出，对这一章节的更为可信的解释应该是“信仰（或忠诚）让我们达致良好的关系……”而在保罗的研究视阈下，《旧约全书》的背景正是圣约司法的背景。据此赎罪获得了新的维度。

在此，平安状态的基础提供了有关赎罪的不同观点，认为赎罪将基督的生死和更大范围的圣经历史带入了和谐。基督的生是为了将人类带入平安，带入上帝的国度。这使得基督得罪了当时的权威，导致了他的殉难。但是基督又复活了，他的复活是一个标志：是饱受苦难的爱战胜了邪恶的标志，是美德终将取得最后
p156 胜利的标志。基督的生提供了一种平安生活的模式。他的死和重生是未来自由的预兆，是平安可能的信号。

利用旧约的祭祀特征，新的圣约得到了肯定。圣约司法的特征在于，上帝给予宽恕——不是因为我们挣得或值得宽恕——而

① 参见 Lois Barrett，“The Gospel of Peace,” *MCC Peace Section Newsletter*, 18, No. 2 (March－April, 1988), pp. 1－8。

是因为上帝爱我们。但实际上这种痕迹可以被抹得一干二净。

圣经的要旨是基于报应还是恢复并不是一个边缘化的话题。这一问题是我们领会上帝的本质以及历史中上帝行为的本质的核心。这是基督教徒所不能回避的话题。 p157

第九章 VORP[①]：恢复性司法的试验田

1974 年 5 月 28 日，两个来自安大略省埃尔米拉（Elmira）的年轻人因恶意毁坏 22 件财物而遭到指控。[②] 没有人能预料到他们的案件会导致一场全球性的变迁。

此前数日一群基督教徒就基督教对商店扒窃的态度展开过讨论。埃尔米拉案已被公之于众故而进入到讨论之中。缓刑官马克·扬基（Mark Yantzi），其职责是就案件提交审前报告，也参加了讨论。他曾设想："让犯罪人与被害人会面将会何其美妙！"但他也认识到，这在当前法律体制下并不可行，因而最终放弃了这一念头。

但是，戴夫·沃思（Dave Worth）——安大略省基奇纳城（Kitchener）的门诺派中心委员会（Mennonite Central Committee,

---

① 被害人—加害人刑事和解项目。

② 参见 John Bender "Peace Section Newsletter," 16, No. 1 (January-February, 1986), pp. 1 – 5. Dean Peachey, "The kitchener Experiment," *Mediation and Criminal Justice: Victims, Offenders and community*, eds. Martin Wright and Burt Galaway (London: Sage Publications Ltd., 1989), pp. 14 – 26。

简称 MMC）志愿服务工作者的合作人，却紧紧抓住了这一思想火花。失望于惯常的过程而倾心于进行建构和平的实践，戴夫·沃思宣布："我有了一个奇思妙想。"马克也是一名门诺派教徒，p158
因 MMC 的合作项目起先被安排在缓刑办公室工作。他的职责在于帮助探索社区导向的司法替代品。他是个很能接受新思想的人，但他也有疑虑。"在没有法律依据的情况下建议被害人和那些加害人之间的谈判解决方式，难道我想拿我的名声来冒险吗？"他问自己。马克还是决定冒险一试，所以，他向法官提出了让加害人会见并赔偿被害人的建议。

法官的第一反应是意料之中的："那做不到。"但让马克和大卫吃惊的是，当宣判的时间到来时，法官精心安排了被害人和加害人之间面对面的会晤以达成赔偿方案。

在缓刑官和志愿合作者的陪同下，这两个男孩拜访了除两个已搬家的被害人之外的所有受害家庭。他们就赔偿方案进行了协商，并且在数月内履行了赔付义务。被害人—加害人和解运动就此在加拿大诞生。在美国，这一运动起步于 1977 ~ 1978 年在印第安纳州埃尔克哈特（Elkhart）实施的一个项目。

在埃尔米拉案中，实践操作过于简单了。"我们太粗暴了"，马克回忆道，"我们走到门口，他们（那两个男孩）敲了门，我们就拿着记录本站在后面"。可喜的是，从那以后被害人—加害人刑事和解项目（VORP）无论是实践操作还是理论基础都变得细致多了。

尽管形式和名称都不一样，但如今，在美国至少有 100 个项目运用被害人—加害人调解，即 VORP 的首要因素。[①] 在加拿大

① Mark Umbreit, "Mediation of Victim Offender Conflict," *Journal of Dispute Resolution*, 1988, pp. 85 – 105.

p159 存在着好几十个项目。在英国也运行着相关的项目，在欧洲大陆的不少国家也同样如此，其中包括德国、法国、芬兰以及荷兰。[①] 但并非所有这些项目都会追根溯源到 VORP 本身。例如，在美国只有大约 60% 的项目被认为与 VORP 的传统直接相关。但总的来说，这些项目为在刑事司法框架下统合调解和修复司法因素的实践操作提供了广泛的实践基础。大量的纠纷解决项目不断涌现，其中一些案件处理也包含潜在或实际的刑事司法。它们提供了额外的经验宝藏。

VORP 的观念

在这些创始于安大略省基奇纳和印第安纳州埃克哈特的"经典"形式中，VORP 是外在于刑事司法系统的独立组织，但
p160 它和这一系统相互合作。[②] 这一 VORP 的过程包括在进入刑事司法过程并且加害人已经承认侵害行为的案件中，被害人与加害人面对面地会晤。在这些会谈中，重点在于三大要素：事实、感受和协议。会谈由社区志愿者促成和主持。

第三方引导者或调解人在这一过程中扮演了极其重要的角色，但他们都经过培训不要将自己的理解或解决办法强加给当事

① 相关论述参见 Heinz Messmer and Hans－Uwe Otto, eds.，*Restorative Justice on Trial：Pitfalls and Potentials of Victim－Offender Mediation－International Research Perspectives*（Dordrecht：Kluwer Academic Publishers，1992）。近年来在新西兰开展的家庭小组会议（family group conference）以及在加拿大一些土著社区中开展的"量刑圈"（sentencing circle）提示了 VORP 发展的新可能。

② 对 VORP 的总体描述可参见 Howard Zehr，*Mediating the Victim－Offender Conflict*（Akron，Pa：Mennonite Central Committee，1982）。

人。会谈在一种提供某种框架但允许参与者而非引导者决定法律后果的氛围中进行。双方当事人都被鼓励说出他们的故事。双方都有机会发问，从对方那里发现到底发生了什么事。他们同样探讨这一经历的作用和影响。当他们做完这一切，他们就共同决定该对此做些什么。一旦他们达成共识，他们就签订书面合同。合同通常采用经济赔偿的形式，但那不是唯一的可能。

加害人可能会同意为被害人工作。有时被害人更愿让犯罪人为社区工作，然后就会签署一份社区服务协议，或者他们会赞同特定的行为。如果事件牵涉到之前就互相认识的人，这种协议就会列明今后他们将如何相处。

这种见面对被害人和加害人双方都会是重要的经历。被害人得到了“获取真相”、质询困扰他们的问题的独特机会。他们也可以说说侵害行为对他们和加害人意味着什么。因为他们能够会见真正的利害关系人，刻板印象就会受到挑战而惧怕心理就会有 p161
所减轻。他们不仅获得了赔偿损失的机会，而且还参与决定偿还将会是什么。所以 VORP 提供了表达情感、交换信息和弥补损失的机会，同时让被害人具有获得自我充权感的感觉。

加害人获得了真实面对那些他们所伤之人的机会。他们最先了解其行为的后果，成见和合理化思维直接地被对质。通过这种途径——并且通过鼓励其承担改正错误的责任——他们被要求直接对所作所为负责。他们被赋予机会通过纠错行动以及如果他们愿意，通过表达忏悔和寻求原谅，来为侵害行为画上情感上的句号。因为他们是真正的参与者而不是旁观者，所以他们同样能够获得自我充权感。

被害人、加害人见面讨论侵害行为及其解决办法是 VORP 过程的核心，但重要工作出现在会谈前后。首先分别联系被害人和加害人，这为他们提供了表达其情感和需求，并且决定是否愿意参与的机会。如果他们选择这样做，就会安排一次会谈。在会谈之后，还有后续工作要做。必须要有专业人员对协议进行监督，确保协议的履行；如果和约不能履行，工作人员必须对合同进行监管：确保它们得以履行，并在它们遭到违约时进行解难分析。有些项目还在和约得以履行之后组织最终被害人—加害人会谈来终结案件。

p162 尽管有例外，但绝大多数的 VORP 案件是由法庭提交的，也有些案件从警方那里获得提交。有时是被害人和加害人自己开始接触。案件可以作为检察院公诉的分流措施加以处置，但根据其在美国的“经典”形式，项目仍会从法庭获得绝大部分提交的案件，与此同时和约也会成为判决本身或其中的一部分。

在美国和加拿大，VORP 处置的大多数案件是财产型案件，其中常见的侵害行为是入室盗窃。入室盗窃实际上是 VORP 过程的好例子。尽管“系统”总是将入室盗窃当做相对轻微的侵害行为来对待，但被害人却会感到入室盗窃更像对个人的暴力攻击。和加害人的会谈提供了宣泄情绪、查明真相、见到当事人的机会。（为什么是我家？如果我在家会怎么样？那些具有情感价值的财产怎么样了？）害怕心理通常会减轻，而成见也会消除。因为存在物质损失，关于赔偿的讨论就成了会谈的具体中心。

但非财产型侵害行为也同样会作此处置。一些项目已经开始处置具有一定常规性的暴力案件。①

在加拿大曼尼托巴省的温尼伯市（Winnipeg，Manitoba）有个项目主要针对行凶案件，并且一些项目正谨慎处置着严重的暴力事件，包括杀人。一个对英国项目的调查研究发现，侵害行为

---

① 参见 Mark Umbreit，“Violent Offenders and Their Victims，” in *Mediation and Criminal Justice*，eds. Wright and Galaway，pp. 99 – 112。

的严重程度并非决定案件能否通过这一过程得以成功处置的决定性因素。 p163

所学为何?

至今为止绝大多数的调查结果都是令人鼓舞的。然而，只有大约一半提交的案件会以会谈告终（而且这一数据和调解项目的统计数据普遍吻合），而几乎所有的会谈都以协议告终。[1]

而且，和未经调解的赔偿合同不同，绝大多数的这类协议都能得到履行——这一数字通常达到80%以上甚至高达90%。

一个对美国中西部地区VORP项目的调查发现，参与的被害人中只有11%表示出一些不满。97%报告说他们愿意再次参加并将其推荐给朋友们。[2] 在一份规模较小但是最近的对英国哥伦比亚兰利地区（the Langley，British Columbia）VORP的调查中，所有的被害人都说他们愿意再次选择参加和解会议。[3] 显然，被害人得到了实质性的满足。

被害人给出了各种各样的参与理由，但是一进入这一过程很

---

① 有意思的是，对于所有的和解项目而言，达成和解协议的百分比都集中于同一区域（40%～60%）。对于为何没能达成协议的研究请参见John Gehm，“Mediated Victim – Offender Restitution Agreements：An Exploratory Analysis of Factors Related to Victim Participation，”（Valparaiso：Indiana：PACT；Institute of Justice，1988）。

② Robert B. Coates and John Gehm，*Victim Meets Offender*：*An Evaluation of Victim – Offender Reconciliation Programs*（Michigan City，Indiana：PACT Institute of Justice，1985）.

③ Andrew Gibson，“Victim – Offender Reconciliation Program：Research Project，Langley，B. C.”（Simon Fraser University，1986）.

多人就特别提出了赔偿的重要性。然而，在 VORP 的经历之后，其他的利益更多地显现在他们面前。例如，在一个对美国明尼阿波利斯市（Minneapolis）的入室盗窃案的调查中，被害人报告说最重要的利益是会见了加害人。有时这缓和了惧怕心理，消除了
p164 成见，或者给了他们让加害人获得帮助的机会。但他们也特别指出了告知真相和得到答案的重要性。①

总之，参与的感受是这一调查中最重要的主题。VORP 的出现使得一些愈合创伤的前提条件成为了可能：自我充权感的获得、真相的告知、问题的回答、损失的弥补，甚至重获保障的感觉。它同样让被害人有机会感受到他们正在为或能帮助改变加害人的行为而“做些什么”，调查惊奇地发现这一主题对被害人而言相当重要。②

显然加害人也在参与中得到了满足。在之前引用的中西部地区调查中，所有的加害人和英国兰利地区调查中 91% 的加害人都说，如果让他们重来一次，他们愿意再次经历 VORP。加害人越来越多地意识到被害人也是人，而且在一些案件中态度的转变明显可见。尽管如此，他们发现这一经历是艰辛的，并且把它说成是经历了严厉的惩罚。通常加害人都把会见被害人一并列为该过程中最好的和最坏的部分。

VORP 改变了加害人的行为吗？一些最新调查发现了参与者

---

① Mark S. Umbreit and Mike Schumacher, *Victim Understanding of Fairness: Burglary Victims in Victim Offender Mediation* (Minneapolis: Minnesota Citizens Council on Crime and Justice, 1988).

② 对英国被害人的详细分析参见 Helen Reeves, “The Victim Support Perspective,” *Mediation and Criminal Justice*, eds. Wright and Galaway, pp. 44 – 55 (see esp. pp. 5Hf.)。

再犯率的降低。尽管我们需要更多的调查研究，但伯特·加拉维(Burt Galaway)，赔偿方面的重要专家，查阅了相关资料并总结说，赔偿和VORP对再犯率的抑制作用绝不低于甚至高于其他处罚的抑制作用。① p165

VORP的实践者们普遍感到VORP确实对行为的改变起到了激励作用，但也质疑这一事务是否应当居于核心地位。VORP非常重要，因为它关注被害人—加害人关系，并且满足一些通常不获满足的被害人和加害人的重要需求。VORP承认责任是由犯罪引发的，所以即使VORP不直接对行为起作用，改正错误也是它的分内之事。

可是VORP是正义的吗？在美国中西部的调查中，被害人和加害人都被问及正义意味着什么，以及他们是否经历了正义。将近80%的经历了VORP的被害人和加害人相信在他们的案件中得到了正义。虽然对正义的定义千差万别，但普遍的主题都是“恢复应然状态”（圣经上的概念)、让加害人负责，以及“解决纠纷时的公正和平等”。事实上“恢复应然状态”是英国兰利地区项目中加害人参与VORP的主导理由。在明尼阿波利斯调查中，通过监禁实施惩罚这一更为传统的正义理念是参与被害人最不感兴趣的事。

虽然明尼阿波利斯调查的规模较小并且还处在初级阶段，但其中有一项发现却颇有价值。经历过VORP的被害人两倍地倾向于感到他们受到了刑事司法过程的公平对待。显然VORP确实给予了当事人一种正义的体验。

在1988年的一篇文章中，加拉维对从20世纪70年代早期开

① Burt Galaway, “Restitution As Innovation or Unfulfilled Promise? ”, *Federal Probation*, 7, No. 3 (September 1988), pp. 3 – 14.

始进行的包括 VORP 在内的赔偿项目所带来的启示进行了考
p166 察，① 他的结论振奋人心。

加拉维总结道，过去 16 年的实践清楚地表明这类项目是可行的。确定赔偿数额并没有过分困难，而且偿付率很高。这包括 VORP。调查表明超过半数的被害人愿意参与和解。和解“是达成赔偿数额的有效途径，而且对加害人和被害人双方都将是一种建设性的经历”。

加拉维观察到，赔偿和 VORP 能够满足现行司法体制的一些核心目标。在人们应当得其所应得的前提假设下，报应性司法寻求一种罪刑相当的感觉。当参与者觉得结果公平时，也就是罪刑相当了。虽然对此的研究仍然有限，但看起来被害人、加害人和公众都认为赔偿是公平和满意的。因此，它也可以被视为“该当的”。

惩罚的另一个目的是具体威慑。人们会重新犯罪吗？越来越多的证据表明，赔偿（包括 VORP）对再犯率的抑制作用绝不低于甚至高于其他处罚。

被害人和公众都会支持使用赔偿。大量调查显示公众青睐于修复性的处罚，并且他们和被害人一样支持适用包括赔偿在内的非监禁刑的趋势。而且，VORP 之类的项目可以为被害人提供有
p167 关其案件信息，并给予他们一种参与其中的感觉。调查显示这些是被害人最关心的事。

根据这些调查结果，加拉维总结说 VORP 之类的赔偿项目应当在现行司法体制下开始取代其他惩戒措施。加拿大国会司法和律师委员会（The Canadian Parliament’s Committee on Justice and

---

① Galaway，“Restitution as Innovation or Unfulfilled Promise?”.

the Solicitor General）已经在这一方面有所举动。[1] 在 1998 年 8 月，他们出台了一份题为《承担责任》（Taking Responsibility）的关于审判、矫正和缓刑的报告书。该报告描述了 VORP 及其优势，同时建议修改法律以推动和促进这一方法。其中一项建议就提出了以下制作判决的独特目的：

> 审判的目的在于，通过施加适当处罚来让加害人对他们的犯罪行为负责，从而维护正义、和平和安全的社会。而适当处罚包括：
>
> a. 要求或者在无法要求时鼓励加害人承认其对被害人和社区造成的损害，并对其行为的后果承担责任。
>
> b. 考量加害人已采取或计划采取的措施，就已然的损害对被害人和（或）社区进行弥补，或者用其他方式证明责任的承担。 p168
>
> c. 在被害人提出要求或愿意参与的情况下，为被害人—加害人和解提供便利。
>
> d. 如有必要，为加害人提供能够帮助其成为或重新成为辛勤劳动、遵纪守法的社会成员的机会。
>
> e. 如有必要，对行为进行公开谴责并且（或者）剥夺加害人的行为能力。

① "Taking Responsibility: Report of the Standing Committee on Justice and Solicitor General on Sentencing, Conditional Release, and Related Aspects of Corrections," David Daubney, chairman. Summary and excerpts in "Justice," November 1988, a publication of the Church Council on Justice and Corrections, 507 Bank St., Ottawa, Ontario K2P 1Z5, Canada.

“承担责任”尤其关注被害人的利益，并认识到将犯罪定义为对国家的侵害这一观点“忽视了被害人对不公的遭遇和感受”。他们进一步指出“要让被害人恢复其生命意义感并继续他们的生活，有五件重要的事情是必需的”。它们是告知、支持、承认损害、弥补损害以及有效的保护。

正如以下摘要所显示的，委员会确认了恢复性司法的概念：

恢复性司法概念的倡导者历来承认加害人对其行为承担责任，并采取措施修复已然损害对被害人和加害人（从而最终对社区）的重要性。

目标是重要的

VORP 方法显然具有应对多种需求的潜力。然而，该运动作为一个整体被质疑要求澄清其价值和目标。首要目标是成为替代
p169 性选择吗？还是矫正罪犯？帮助被害人？使社区参与其中？还是惩罚加害人？VORP 选择追求何种目标会使实践中如何操作产生巨大差异。

事实上，该运动已经被提醒其目标有时是模糊的，而且其中一些还可能是相互矛盾的。各个项目需要选择一个首要的目标，并且清楚地说明这一决定对其他目标和运作的意义。

如果首要的目标是矫正罪犯或减轻惩罚，即使 VORP 声称认真对待被害人，这些 VORP 也会轻易地忽略被害人的需求和想法。这一批评源自于一些对英国项目的评估。① 如果这些 VORP

① 英国内政部赞助了这次对 VORP 或曰赔款项目作定量与定性分析的研究活动，笔者要感谢托尼·马歇尔（Tony Marshall）监督英国内政部的科研。该研究成果即将出版。

首先寻求提供监禁的替代性选择，它们就会主要关注严重的、受监禁的案件，忽略更多可能对被害人和加害人，或者他们的关系具有重要意义的“小”案件。目标的明晰和优先次序是至关重要的。

一些 VORP 忽略了这一问题，而另一些则从不同角度给予了回答。埃克哈特计划总结其主要目标之一为和解。工作人员承认，这在刑事司法领域里是异常奇怪的，而且，这种和解也是很难定义的。尽管如此，将和解作为目标就意味着被害人—加害人关系是这一过程的首要焦点。一旦确定了该目标，计划的运行就必须重新设计以反映这一焦点。例如，志愿者必须接受培训，不仅是为了确保达成协议，而且是为了促进感受和态度的表达。 p170

达成和解（或者至少是和解机会）的决定并不意味着其他的潜在利益不存在或者不值得追求，但它们是次要的。例如，VORP 的实践者们相信，VORP 所赋予的个体责任负担可以改变加害人的态度和行为。但这不是首要的目标。即便态度和行为尚未改变，这一过程也值得去做。一个侵害行为损害了一个人，又产生了对这个人的责任。因此，一个恰当的回应就该包含一些恢复应然状态的努力。不管其他的作用如何，这都是我们该做的“正确”的事。

VORP 对和解之类的非传统目标的关注是刑事司法体系产生一些张力的根源。我们如何使以恢复性为重心的过程与报应性的过程相契合呢？是它能成功，还是最终较大的体系会压倒较小的体系呢？是 VORP 能帮助改变报应性导向的刑事司法体系，还是这一体系改变 VORP 呢？VORP 是否会走诸多其他“替代性方式”的老路，甚或成为新的控制和惩罚工具呢？

这些是实质性的问题，而且研究人员正在这一领域发出警告。例如，一些计划体现出了系统的加害人取向，却忽略了被害人取向。和解作为目标时常被归责，甚或被赔偿之类的更为通俗的目标所取代。很多项目正开始轻视和解的目标，并转而强调调解的过程。

一份最新的英国项目的调查提醒了将新的试验转向现有刑事
p171 司法体系的危险性。[①] 这甚至（或特别）包括了修复元素。至少，他们提醒了我们必须坚持将价值问题放在第一位。他们期待一种全新的司法理念和司法语言，以及能够建构和检验修复性范式可行性的研究。

作为催化力量的 VORP

从 1978 年开始，笔者参加了 VORP 运动。起初，笔者的参与是心存抵制和疑虑的。通过早先的刑事司法工作，笔者形成了一种自认为相当审慎的观念，而且怀疑 VORP 并不足以挑战传统刑事司法的基本前提。然而，当亲自经历了 VORP 以后，笔者开始意识到之前“审慎”框架的限定因素实际上过于保守了。正是 VORP 具有改变笔者的司法观念的潜力。

在笔者之前针对囚犯和被告的工作中，还不了解被害人的想法。说实话，也不想了解，因为他们多半对为加害人寻求“正义”的过程起到阻碍作用。笔者没有从根本上质疑过国家在司法中的地位，也没有问过痛苦的施行是否是适当的关注焦点。然而，笔者深切地体会到在刑事司法选择和对待加害人的方式上有

① Gwynn Davis, Jacky Boucherat, and David Watson, *A Preliminary Study of Victim Offender Mediation and Reparation Schemes in England and Wales*, search and Planning Unit Paper 42 (London: Home Office, 1987), pp. 60 – 65.

大量和频繁的体制上的不公。

VORP迫使笔者直面和倾听犯罪被害人，而这导致笔者开始反思什么是犯罪和什么应该发生。看着敌对双方——被害人和加害人——带着对发生了什么的全新认识而离开，这种经历确实给笔者留下了印象。通常他们带着对对方的全新认识、有时是对新 172
的甚至友好的关系的全新认识而离开。最终这一切的寓意开始沉淀到笔者心里。对笔者来说，VORP成为了一种动力，来转变笔者的司法认识，并证明这种司法不仅是理论性的，而且可以是实践性的。当然，VORP的实施和推广也提出了一些重要问题，并给出了一些警示信号。

当农学家想要解决一些作物方面的难题时，他们通常会拿新品种来做实验。为此，他们通过将其种在实验田中来进行试验。当这些基地获得成功时，它们就会成为示范基地来帮助说服其他地方进行尝试。自1974年起，VORP就既是实验田，又是示范点。VORP的示范作用非常重要：VORP提醒我们还有其他方法去了解和回应罪行，就是司法可以修复之治罪方法。但是，实验的作用也不容忽视。VORP本身也必须不断实验，开拓新的疆界。我们需要超越VORP的新的实验——有助于发展和检验对犯罪和司法的全新认识的实验。

在培植和关照这类基地的过程中，教会的作用至关重要。迄今为止，尽管大体上说VORP运动在世界上开展势头良好，但教会在其发展和推广过程中起到了关键作用，而且仍然与很多社区保持着千丝万缕的联系。这也是它应有的作用。VORP具体化了源自圣经的司法视角，并由此提供了教会贯彻落实该视角的舞台。 p173

如果想以重要的姿态存活下去，VORP运动就要紧紧地依靠教会。偏离该视角的压力有很多。教会却可以提供贯彻执行该视角所必需的这类独立价值基础和独立制度基础。受到恢复之类的圣经司法视角的鼓舞，或许教会能够继续设立基地来尝试和证明另一种方式。如果 VORP 想作为转变的催化力量而存在下去，教会就必须继续牵扯在内。

第四部分　新的视角

第十章　恢复性视角

笔者在构思这一章节时，花时间去了一趟法院。一个 18 岁的男孩，笔者的邻居，正面临审判。他因猥亵隔壁邻居家的小女孩而被指控有罪。女孩的母亲向笔者求助。她不想让他进监狱，在那里他自身也会成为被害人，但她希望其行为就此停止。“如果是别人，”她对我说，“我真希望把他捆起来，但泰德（Ted）只是需要帮助。”

泰德之前就骚扰过儿童，包括笔者的一个女儿。

“我一直在进行这个审判直到后来有一天，”法官说，“说实话，我不知道该怎么做。霍华德（Howard），也许你可以帮我。”

这类案件该从何处着手呢？笔者开始用传统的思路梳理这个问题。他触犯了法律。法律是怎样要求的呢？法院会如何认定呢？法院又会如何处置他呢？后来想起了正在写的东西，笔者的架构就发生了改变。

这一架构：它造成了差异。我们如何解释发生了什么？相关的因素有哪些？怎样的处置是可能和适当的？我们看问题的视角 p177
决定了我们如何构造问题和“解决办法”。这种视角正是本书的焦点所在。

笔者爱好摄影已有多年。笔者所获得的心得之一就是所选用的镜头是如何深刻地影响着结果。笔者对镜头的选择决定了能在何种环境下工作以及怎么看。如果笔者选择最大孔径较小的“慢”镜头，图像就会昏暗并且在光线水平低的条件下很难获得优质图像。

镜头的焦距也会造成差异。广角镜头具有高度的包容性。它能把大量对象容纳到画面之内。但做到这一点是以一定的扭曲为代价的。较近的物体变大，而让背景中的物体缩小。与此同时，画面角落上的物体形状会发生改变。光圈变成了椭圆形。

长焦镜头具有更大的选择性。其视觉范围较为狭窄，画面内容纳较少的物体。它同样“扭曲了图像”，但和广角镜相比是不同的方式。在长焦镜头里，物体会变得较大但距离会被压缩。与肉眼看到的相比，物体显得离相机更近，彼此之间也更近。

因此，镜头的选择影响了何者能够进入画面。它同样决定了所含要素之间的关系和比例。相类似的，我们用以考察犯罪和司法的镜头也影响到了我们会将何者吸收为相关变量，我们认为它们的相对重要性如何，以及我们认为什么是合适的法律后果。

我们以报应性的视角来看待犯罪。采用这一视角的“刑事司法”过程难以满足被害人抑或加害人的各种需要。这种过程
p178 忽略了被害人，同时也难以实现其描述的施加责任和防止再犯的目标。

这种失败导致了当前广泛的危机意识。一系列的改革被设计出来。如今的时尚，比如电子监控和强化监督不过就是一长串“解决方式”的最新版本。可是这一体系表现出了其自身对重大改良的强烈抵制，吸收并颠覆了改革的努力。有句法国格言似乎说得很对：“越多变革，就越多维持现状。”

笔者认为，这种失败的原因在于我们对视角的选择：换句话

说，就是我们对于犯罪和司法的前提假设。这些假设决定了我们对恶行的回应，实际上却和犯罪的经历不相协调。进一步说，它们和我们基督教的根源甚至和我们自己大量的西方历史不相符合。要在这一迷宫中找到出路，我们就必须让目光超越替代性惩罚，甚至超越惩罚的替代性措施。我们必须要寻找看待问题和解决办法的替代性途径。审判方面的专家凯·哈里斯（Kay Harris）教授提醒我们说：这是替代性价值的问题，不是替代性的惩罚技术的问题。①

我们的失败是确认变革需要的反面标志，但也存在着指引方向的正面标志。被害人和加害人的经历和需求指明了一些我们必须考虑的事项。圣经的传统提供了一些原则。而我们的历史经验 p179
和更晚的“实验田”则提供了可行的路径。也许这些标志可以成为构建新视角的要素。

又或许，新的视角同样会成为新的范式呢？范式比视角或建议意味着更多。它需要逻辑完整的理论，加上一致的基本原理和应用的“物理过程”，以及一定程度的共识。它不需要解决所有问题，但它必须解决最迫切的问题并指出方向。笔者怀疑，我们是否到达了这一步。

现阶段，更为现实的是提供了一种替代性的视角，它根植于原则和经验，有助于指引我们探寻当前危机的解决办法。我们可以接受一个不同的视角，纵然它还不是一个羽翼丰满的范式。这

① 参见 M. Kay Harris, “Strategies, Values and the Emerging Generation of Alternatives to Incarceration,” *New York University Review of Law and Social Change*, XII, No. 1 (1983 - 4), 141 - 170, and “Observations of a ‘Friend of the Court’ on the Future of Probation and Parole,” *Federal Probation*, LI, No. 4 (December 1987), pp. 12 - 21。

种视角能有助于为实验和探索的共同旅程指明方向。

在这种探寻中，我们寻找的是一种视角，即标准应当是什么、什么才是规范的，而不是什么是对所有情况的现实回应。当前的视角建立在异常的、怪异的案例之上。它为这类案件设置了对“常规性”侵害行为而言标准化的程序。有些加害人生来十分危险以至于需要加以管制。必须有人在规则和严密防护措施的指引下作出决定。有些加害人如此令人憎恨以至于需要特殊的处置。然而，这些特殊的案例并不能够设定标准。因此，我们的方法应当是确认犯罪意味着什么，以及当犯罪发生时通常应当会发生什么，同时又承认设置一定例外的需要。所以，我们不必再专注于我们的视角是否能够包容所有的情况。相反，我们应当试着预想规范应当是什么。

开始这一探索的途径之一就是将犯罪从其抽象的高位上拉下
p180 来。这就意味着像圣经所理解的和我们所经历的那样来认识犯罪，就是伤害以及对人和关系的一种侵犯。因此，司法应当关注修复，关注错误的改正。

在这种情况下，这两种相互对立的视角可作如下概述：

> 报应性司法：犯罪是对国家的侵犯，以违法性和有罪性为特征。司法通过在系统规则指导下加害人和国家相互对抗的形式来决定归责并施以惩罚。
>
> 恢复性司法：犯罪是对人和关系的侵犯。它形成了恢复应然状态的责任。司法在被害人、加害人以及社区的参与下寻求解决办法以推动修复、和解以及信心的重塑。

犯罪：对人和关系的侵犯

在第一章中，笔者曾指出，一个人通常会将即使是轻微的财产犯罪也体验成对自己的攻击。即使在直接损害仅仅针对财产的情况下，被害人也感到了对个人的侵犯。平安的视角提醒我们这一物质层面对幸福感而言十分重要。

可是平安视角同样提醒我们，犯罪体现了对人际关系的破坏。犯罪影响了我们的信任感，导致了怀疑、疏远甚至种族偏见的感觉。它时常在朋友、爱人、亲属和邻里之间树起屏障。犯罪影响了我们和周围人的关系。

犯罪同样体现了被害人和加害人破裂的关系。即便他们之前没有关系，犯罪也建立了关系，而且这种关系通常是敌对的。撇 p181
开无法解决不谈，这种敌对关系会转而影响被害人和加害人的幸福。

犯罪代表了对被害人的伤害，但它也同样包含了对加害人的伤害。很多犯罪源自于伤害。很多加害人在儿童时期遭受过虐待。很多加害人缺乏技能和培训使其很难获得有意义的工作和生活。还有很多是寻求获得认同感和力量感的途径。对很多犯罪者来说，犯罪是寻求关注和张扬个性的手段。他们施加损害部分是因为自己所受到的损害。通常他们会在“司法”过程中进一步地受到损害。这一维度的产生部分是出于更大的分配正义问题。它同样是平安视角不可分割的一部分。

因此，犯罪的核心成为了一个人受到的另一个人的侵犯，而后者本身也可能会受伤。它是对个体之间应有的正当关系的侵犯。犯罪同样还存在着更大的社会维度。事实上，犯罪的影响会不断扩展开去，触及很多其他的人。社会对法律后果也有份，而且也有作用要发挥。当然，这些公共维度不应成为起点。犯罪首先针对的不是社会，更加不是国家。犯罪首先是对个人的侵害行为，而这才是我们应有的起点。

这一犯罪的人际维度提醒我们犯罪包含着冲突。[①] 事实上，有几位研究看待犯罪的新视角的欧洲学者推动着我们将犯罪定义为冲突的一种形式。毕竟，犯罪造成了人际冲突并且有时其本身
p182 就源自于冲突。毫无疑问，犯罪与社会中其他的损害和冲突有关。如果适当地接近，很多类似的冲突状况可以成为学习和发展犯罪定义标准的机会。

马里·马歇尔·福琼（Marie Marshall Fortune）警告说，将犯罪定义成冲突可能具有误导性和危险性。例如，在家庭暴力的情况下，我们总是将造成严重后果的暴力行为简单地看做是冲突的产物。这就容易通过谴责被害人来减轻加害人行为的责任。它同样假定暴力行为仅仅是冲突的升级。但福琼提醒我们，暴力行为并不仅仅是冲突的升级。它在类别上是不同的。一个是具有观点上的差异和争辩，而另一个却是对他人身体上的攻击。

因为它的人际维度，犯罪显然包含着冲突。然而，将其等同于冲突可能具有误导性并忽略一些重要的维度。

如何看待犯罪这一术语呢？可能有人会让我们完全回避这一术语。犯罪就是法律体系任意区分各种损害和冲突的结果。它是一种人为的建构，将各种各样互不相干的行为和经历投入到一个篮子里。它将它们与其他的损害和暴力行为区别开来，并由此模

---

① 参见 e. g. , Louk Hulsman's work, cited above. See also John R Blad, Hans van Mastrigt, and Niels A. Uldriks, eds. ,*The Criminal Justice System as a Social Problem*: *An Abolitionist Perpective* (Rotterdam, Netherlands: Erasmus Universiteit, 1987)。

糊了这种经历的真正意义。

正因如此，荷兰犯罪学家、法律工作者赫尔斯曼（Louk Hulsman）提出了问题状态的术语。[①] 这一术语有益地提醒我们 p183
“犯罪”与其他类型的损害和冲突的联系。它同样提出内在于这类状况的学习改造的可能性。但是，问题状态显得含混不清，而且对严重损害而言可能会降低伤痛的维度。毫无疑问我们很难想象在日常讨论中用“问题状态”来取代“犯罪”。

犯罪意味侵害，而侵害需要治愈。犯罪主要带来了四个方面的侵害：犯罪包含着伤害，需要治愈。以下损害代表了四个损害的基本维度：

1. 对被害人
2. 对人际关系
3. 对加害人
4. 对社区

报应性的视角首先关注的是最后的维度，即社会性的维度。它通过将社区抽象化和非个人化的途径来做到这一点。报应性司法认为国家是被害人，将错误行为定义为对规则的侵犯，并将被害人和加害人之间的关系看做是无关紧要的。在此，犯罪就和其他类型的恶行完全地区分开来了。

恢复性的视角认为，人是被害人，并且承认人际维度的核心地位。侵害行为被定义为个人的损害和人际的关系。犯罪是对人和关系的侵犯。

---

① Cf. “Critical Criminology and the Concept of Crime,” *Contemporary Crises: Law, Crime and Social Policy*, 10 (1986), pp. 63 – 80.

对犯罪的认识

报应性视角	恢复性视角
p184 犯罪被定义为对规则的侵犯（即破坏规则）	犯罪被定义为对人和关系的损害（即破坏关系）
损害被抽象化地加以定义	损害被具体化地加以定义
犯罪被视为与其他损害和冲突完全不同	犯罪被视为与其他损害和冲突相互联系
国家作为被害人	人和关系作为被害人
国家和加害人被视为主要当事人	被害人和加害人被视为主要当事人
人际维度无关紧要	人际维度至关重要
犯罪的冲突性质模糊不清	犯罪的冲突性质得到认同
加害人的创伤被边缘化	加害人的创伤受到重视
侵害行为由技术、法律的术语加以界定	侵害行为以全部的背景进行理解：道德的、社会的、经济的、政治的

迄今为止，我们将绝大多数讨论限定在我们通常标签为犯罪的损害和冲突里。然而，这样一个狭窄的焦点并非是圣经式的。圣经给予希望人们应当如何在平安、正当关系的状态下共同生活的观念。被我们称为犯罪的行为侵犯了这种关系，但各类其他的损害，包括非正义行为和有权者对无权者的压迫行为，也同样侵
p185 犯了这种关系。在我们的理解中加入圣经的维度，我们就必须整体性地看待非正义，而不论犯罪和其他非正义之间的人为划界。我们必须看到整个损害的连续体。犯罪被并入通常我们称之为民事纠纷的个体间的其他损害和冲突中。但那些非正义与权力和财富的非正义结合在一起。《旧约全书》的先知们提醒我们结构性的非正义是罪恶的，而且这种非正义会转而招致更多的非正义。

恢复：司法的目标

如果犯罪是伤害，那司法是什么？圣经式的认知再次指明了道路。如果说犯罪损害了人们，那么司法就应该是恢复对人和人与人之间的应然状态的探索。当错误发生时，核心的问题不应当是："对加害人应该做些什么？"或是"加害人应该受到什么惩罚？"相反，首要的问题应当是："对恢复应然状态能够做些什么？"

我们应将司法看做是恢复，而不是将其视为报复。如果犯罪是一种伤害，司法就应当修复伤害并促进愈合。不会造成进一步损害的恢复性措施可以抵偿犯罪造成的损害。当然，我们不能确保完全的治愈，但真正的司法就应当致力于提供治愈得以开始的环境。

如果犯罪造成的损害存在四大维度，那么修复性力量就应当处置这些维度。因此，司法的第一个目标应当是对被害人的赔偿和治愈。

对被害人的治愈并非指可以或应该忘记、低估暴力行为。相反，它指的是一种治愈的感觉、一定程度的结束。受侵犯者应当重新开始感到生活多少有些意义，而且他们是安全和可控的。侵犯者应当受到鼓励去有所改变。他或她应当获得自由以开始全新 p186
的生活。治愈包含着补偿的感受和对未来的希望。

对被害人和加害人关系的治愈应当是司法的第二个主要任务。被害人—犯罪人和解运动将这种目标定位为和解。

和解意指彻底的悔改和宽恕。它包括建立被害人和加害人的积极关系。VORP 的实践说明这是可能的。可期待和解出现在所有案件中却是不切实际的。在很多案件里，没有什么能像和解那样得到实现。但在另外一些案件中，建构起一种令人满意的关系并不意味着亲密和完全的信任。无论如何，参与者都不应觉得是被迫达成和解。前门诺教派调解委员会主任罗恩·克雷比尔（Ron Kraybill）曾告诫我们和解具有其自身的规律和动力。即使我们有意识地想要和解，我们的情绪也会走向不同的方向：

> 头脑思考的是应然性问题，心响应的却是实然性问题。头脑可以为心设定方向，但心必须遵循其自身的步调。由心出发的调解正是这一过程中各个阶段的循环。①

根据加利福尼亚州弗雷斯诺市（Fresno California）VORP的负责人罗恩·克拉森（Ron Claassen）的说法，我们必须将和解视为一个连续体。② 一端是完全的敌对，另一端则是恢复或强有
p187 力的、积极的人际关系的建立。当犯罪发生时，关系通常处于标尺的敌对一端，如果置之不理，这种关系就往往会留在那里甚或移向更深的敌对。而司法的目标应当是将关系推向和解。这种对关系的治愈，即便仅仅是部分的，也是迈向治愈个体的重要一步。司法不能保证或强迫和解，但它应当为这种和解的发生提供机会。

笔者处理过一些和解关系几无进展的VORP案件。在见面讨论了侵害行为及其解决办法之后，被害人和加害人依旧充满敌

---

① Ron Kraybill, "From Head to Heart: The Cycle of Reconciliation," Mennonite Conciliation Service *Conciliation Quarterly*, 7, No. 4 (Fall, 1988), p. 2.

② Ron Claassen and Howard Zehr, *VORP Organizing: A Foundation in the Church* (Elkhart, Indiana: Mennonite Central Committee, 1988), p. 5.

意。可是其敌对的性质却已经发生了改变。他们所气愤的不再是一个抽象事物、一个被害人或加害人的刻板印象。现在他们气愤的是一个具体实在的人。即便是这样也代表了某种进步。

加害人也同样需要治愈。当然，他们必须对其行为负责。他们不能“脱卸责任”。然而，这种责任承担的本身就可以是迈向转变和治愈的一步。并且，他们其他的需求也应当受到关注。

社区也同样需要治愈。犯罪降低了社区的整体感，而这种伤害需要加以处置。

正义的体验是人类的基本需求。没有这样的体验，治愈和和解就很困难甚至没有可能。正义是结束犯罪的前提条件。

当然，绝对意义上的正义可能并不存在，但即使是“近似的正义”也是有所裨益的。[①] 即使是部分的体验也可以奠定治愈 p188
和结束感所必需的基础。例如，当加害人尚未被确定或者拒绝承担责任时，社区就能够在提供正义体验方面起到作用。他们可以真正地倾听和尊重被害人，肯定所发生的事是错的，并且听取和照顾他们的需求。近似的正义总比没有正义要好，它有助于治愈的过程。

我们应当如何想象正义呢？蒙着双眼的女神手托天平很好地象征着当前范式的情感无涉、程序导向的性质。我们的替代性方式又是什么呢？

一种可能是将司法比喻成治愈伤口。笔者的同事戴夫·沃思

---

① Marie Marshall Fortune suggested this terminology at the Guelph consultation. Cf. Fortune, "Making Justice: Sources of Healing for Incest Survivors," *Working Together*, Summer, 1987, p. 5; and "Justice – Making in the Aftermath of Woman – Battering," *Domestic Violence on Trial*, ed. Daniel Sonkin (New York: Springer Publishers, 1987), pp. 237 – 248.

在看了这一章节的草稿后，很好地阐明了这一比喻：

> 新的组织一定会长出来以填补旧的组织被摘除的地方。必须要有适当的条件和营养来允许新组织成长。必须要有安全和清洁以及时间。有时会有疤痕，也有时会有残缺。可是一旦得以愈合我们就可以前进、运行和成长。并且通过我们受伤和愈合的经历，我们就能够对造成受伤的条件和导致愈合的条件有所了解。于是我们就可以努力改变前者并提供后者给受伤的其他人。

威尔马·德克森（Wilma Derksen）的女儿被残忍地杀害了。可他仍然提出了另一个在笔者看来甚至更有前景的比喻。犯罪导
p189 致了某种缺失，因而司法就是在填补这一空洞。①

司法的圣经进路显示恢复性司法肯定常常是转变性司法。②要改正错误，所必需的还不单单是使状态和人回到它们原先的条件下，而是要走得更远。例如，在虐待妻子的案件中，对损害作出修正是远远不够的。真正的正义无法出现，除非人和关系能够转变为某种健康的形式以使得伤害不会再次发生。司法与其说是回到过去的状态，不如说是朝新的方向迈进。

司法可能包含着比填补和铲平空洞更多的意味。空洞可能需要被堆起来直到满溢为止。戴夫·沃思再一次比笔者更好地总结了这一司法的比喻：

> 《哥林多后书》第五章第 18 节在和解和创新之间

---

① Wilma Der. ksen, “Have You Seen Candace?”，未刊稿。

② 就该术语笔者受到了马里·马歇尔·福琼的启发。

建立了联系。这或许正是和解的本质：双方之间发生了某些新的事情。这些事情不是基于过去曾经有过的方式，而是基于应然的方式。对这一问题来说，和解的确是一种前瞻性的方式。

“满溢”正是司法的题中之义。我们正在讨论的不是像削平顶端那样的教条主义司法方式。我们没有讨论司法的标准，而是在讨论一种情况，在那里真正的正义得以出现，而这种情况又使得一种新的事物得以产生。这种事物不是让人们处于较低状态，也不仅仅是持平，而是饱和和满溢的状态，使他们能够出去并向周围的人传播正义。或许现行教条主义司法方式的问题正是它没有给予人们更多，以至于他们没有多余的正义来分配给其他人。 p190

司法从需求开始

指向充满和满溢的司法必须始于确定和寻求满足人的需要。就犯罪而言，起点就必须是那些被侵犯者的需要。当犯罪发生时（不论“加害人”是否被确定）第一个问题就应当是：“谁受到了损害?”“它们被伤得怎样?”“他们的需求是什么?”当然，这样一种方式与报应性司法的方式相去甚远，后者首先问：“这是谁干的?”“应该对他们作何处置?”——而且此后也几乎不会超越这个点。

被害人存在各种各样的需求需要被满足。在很多案件中，第一个而且是最迫切的一个需求就是寻求支持和安全感。

然而，紧随其后就会出现各种其他的需求，其中有些笔者在

第一章中提到过。被害人需要有人聆听他们。他们需要有机会述说他们的故事并表达他们的感受，或许还会一遍又一遍。他们需要说出他们的真相，而且需要别人和他们一起承受，和他们一起哀悼已造成的灾祸。

在此过程中的某些地方，被害人需要感觉受到了维护。他们需要知道发生在他们身上的事是错误和不应该的，而且其他人也认同这是错的。他们需要知道已经有所行动来纠正错误，并降低其再犯的几率。他们想听到别人承认他们的痛苦，并确证他们的经历。

真相诉说、哀悼哭泣和自我维护的表达方式有时可能是刺耳和愤怒的。我们必须接受这一点并用心聆听之。只有这样，人们才能走得更远。莫特·麦克卡伦－佩特森（Mort MacCallum－Paterson）总结说，犯罪被害人的哀恸哭泣很像《旧约全书》中随处可见的哀恸哭泣。痛苦的哭泣和复仇的要求正是“祈祷之
p191 声”，期盼被上帝听见，企求上帝的垂怜和哀悼。它们听起来总是充满愤怒和仇恨，但它们并不一定要求社区有所行动。就像一位谋杀案被害人的父亲对帕特森所说的：“我们听上去就像是在要求死刑。其实我们不是……可是我们还能说些别的什么呢？”

> 我们还能说些别的什么呢？这正是问题所在。作为表达谋杀案被害人中幸存者的悲伤、痛苦和愤怒的手段，没有什么表达方式能比血泪哀恸更加重要。这些表达方式能否成为积极的，以处死凶手为目标战略制订，还需要另一个步骤。它需要进一步的裁定。像那样的哀悼并不包含裁定，但哀悼确实包含着那样的表达方式。它采用了诅咒的形式。事实上，它是一种祈祷，即上帝

会谴责带走被害人生命的那个人。[1]

报应也许是自我维护的一种形式，但偿还也同样如此。在一本题为《弥补伤痛》（Mending Hurts）的重要小册子中，约翰·兰彭指出，偿还至少和报应一样是一种基本的人类反应。[2]

偿还代表着损失的补偿，但其真正的要义却是象征性的。偿还意指对错误的承认和对责任的表态。纠正错误本身就是自我维护的一种形式，一种可以比报应更好地促进愈合的形式。

报应常常会留下仇恨的遗产。或许经历过司法比完全没有司法要来得令人满意，但它丝毫没有触及敌对状态。这种敌对状态 p192
会阻碍治愈，而那正是宽恕的魅力所在。通过处理敌对状态，它让被害人和加害人双方都获得了对其自身生活的控制。然而，就像和解一样，宽恕并不容易也不能被强迫。对很多人而言司法的经历是宽恕得以发生的必要前提条件。对有些案件来说，宽恕看上去几无可能。

报应和偿还二者都关乎恢复平衡。尽管报应和偿还二者都具有象征性的重要意义，但偿还是恢复均衡更为具体的方式。同样，报应通过将加害人降到被害人受损水平的方式来寻求恢复平衡。它试着打击犯错的人，取消他或她的优越性并坚定被害人的价值感。在另一方面，偿还寻求提高被害人到他或她先前的水平。它确认他或她的道德价值，并承认加害人的作用和再犯的可

---

① Morton MacCallum - Paterson, "Blood Cries: Lament, Wrath and the Mercy of God," *Touchstone*, May 1987, p. 19

② John Lampen, *Mending Hurts* (London: Quaker Home Service, 1987), p. 57.

能性。它也同样由此承认加害人的道德价值。[①]

绝大多数人都认为报应高度地保障被害人的利益。然而，针对被害人的最新调查却给出了不同的描述。实际上，被害人总是比公众更愿意接受非监禁的、修复性的裁判。[②]

除此之外，他们还常常将加害人的改造列为重要价值。毕
p193 竟，帮助加害人是解决安全问题和预防今后恶行的途径之一。

被害人也需要获得力量。不能简单地对他们、为他们运作司法。他们需要在此过程中感到被需要、被聆听。正因为恶行的一大维度是他们被夺取了权力，所以司法的一大维度也应该是将权力还给他们。至少，这意味着他们必须在决定其需求是什么、应当如何满足，以及应当何时进行处置等方面起到关键作用。不过被害人应当是在整个过程中都起到一定的作用。

被害人需要重塑信心、伤害修复、自我维护、获得力量，但他们尤其需要寻找案件事实。记住叶礼庭的箴言：司法提供了案件事实的框架。被害人需要寻找问题的答案，即发生了什么、为什么以及正在为此做些什么。他们需要回答笔者在第一章中提出的、为补偿提供步骤的六个问题。尽管也许我们可以帮助其进行探索，但也只有被害人自己才能回答其中的几个问题。不过，其中有几个问题是有关事实的问题。这是谁干的、为什么、他们是些什么样的人、对此正在做些什么？至少，司法应当提供这样的信息。

因而被害人总是寻求自我维护。这种自我维护包括谴责恶

① Cf. Jeffrie G. Murphy and Jean Hampton, *Forgiveness and Mercy* (Cambridge, England: Cambridge University Press, 1988).

② 参见 Russ Immarigeon, "Surveys Reveal Broad Support for Alternative Sentencing," *National Prison Project Journal*, No. 9 (Fall, 1986), pp. 1 –4。

行、哀悼哭泣、真相诉说、非私人化和非贬低化。他们追求公平，包括修复、和解以及宽恕。他们感受到充权的需要，包括参与和安全。另一个需要是重塑信心，包括支持、"一起承受"、安全，阐明责任和预防。并且他们具有了解案件事实的需要，包括获取信息、公平对待、答疑解惑以及平衡感。

被害人觉得受到了犯罪的侵犯，而这些侵犯行为导致了需求。然而，社区也同样感觉受到了侵犯，而且他们也有需求。正因为不能忽略犯罪的公共维度，所以，在很多情况下司法过程也 p194
不能完全私人化。社区同样希望确证所发生的事是错的、正在对此采取行动以及正在采取措施打击再犯。信息将同样重要，它可以帮助消除成见和无谓恐惧。在此偿还也将同样扮演重要角色，提供恢复整体性的象征符号。事实上，象征手段的作用是重要的。犯罪降低了一个社区的整体感。对于一个社区来说，修复总是需要一些象征性的行动，包含谴责犯罪、自我维护、重塑信心和修补等因素。

因此，犯罪的公共维度是重要的，但他们仍不应当是起点。同样，社区在其看待犯罪的一些方面也需要受到质疑。这些看法的其中之一就是完善秩序和安全是可能的，至少在自由社会的框架之内是这样的。

在一个最近举行的为运作当地 VORP 的机构募集资金的派对上，笔者隔着野餐桌坐在一位家境富裕的青年男子对面。一场猛烈的暴风雨即将来临，其他人都离开我们到屋内避雨去了。正当我们坐着看暴风雨的时候，他问及了他刚才捐助的机构，这引发了一场对司法的探讨。他非常坦率地告诉他自己对这个问题的内心挣扎。他从小就认识一个人，是个惯偷。他一方面关心那位朋友的改造和幸福，但另一方面，他觉得自己是保守的，觉得小偷应该受到严厉的惩罚。"有时候，"他说，"我觉得我们应该像伊

朗那么做——砍断一只手，严厉地进行惩罚。那样我们就安全
p195 了。”“也许吧，”笔者回答道，“可到那时你会愿意住在这里吗?”

秩序和自由是一个连续体的两极。完全的自由，至少是拥有为所欲为而不受任何正式和非正式控制的自由感，很有可能是混乱和危险的，就像是一个霍布斯式的世界。在另一端，完全的秩序，即使是可以获得的，也会以牺牲自由一端为代价。比如，如果严厉的惩罚是为了遏制犯罪，它就肯定是立竿见影和毫无疑问的。可是代价呢？我们肯定会乐于犯错并赋予国家以任意的权力——一种必定会被滥用的权力。我们当中的绝大多数人都不会愿意生活在这样一个世界里。所以我们发现自己总是在那个连续体中间的某一点左右徘徊，以求平衡自由和秩序。我们当中的保守主义者会发现自己离秩序一端更近，而自由主义者则离自由一端更近。

可是在通常对自由和秩序的观念上还存在着另一个误区。在绝大多数时间里我们以为秩序就是规则和惩戒，是正式的控制。然而，我们忘记了纵观整个历史秩序都是用非正式的控制——用信念体系、社会压力和责任、对守法的奖励——来进行维系的。在我们自己的日常生活里也同样如此。假定秩序仅仅来源于法律和惩罚，那么，就是对整合社会力量的忽视。

所有问题的核心在于我们不能生活在绝对的安全中，又保持我们珍爱的其他价值。与此同时，当人们实现其意志的意图侵犯了他人的自由时，我们没有对他们进行问责，我们的自由也就会面临危险。

犯罪产生责任

p196 对需求的讨论很快就引发了责任和义务的问题。违法产生

责任。

毫无疑问，主要的责任在造成侵犯之人一边。当某人加害了另一个人，他或她就有了改正错误的责任。这正是司法的题中之义。它意味着鼓励加害人了解和承认他们所造成的损害，并由此采取措施来纠正错误，即便是不完整的和象征性的。

纠正错误是司法的核心。纠正错误不是边缘化的、选择性的活动，是一种责任。按照理想的观点，司法过程能够帮助加害人欣然承认和担负其责任，这是可以发生的。它常常发生在 VORP 的过程中。然而，更为常见的是，人们在最初都是勉强地接受这一责任的。很多加害人都不情愿，因为了解其行动所造成的后果而让自己变得脆弱。毕竟，他们建筑起了成见和合理化的围墙来保护他们完全不受这类信息的影响。很多人都不情愿承担纠正错误的责任。在很多方面接受惩罚会比较容易。虽然它也许暂时是痛苦的，但它并没有包含责任以及对合理化和成见的威胁。加害人常常需要强烈的推动甚或强制来接受其责任。

北美和英格兰的 VORP 运动经常探讨这一话题。显然当出于自愿时，这种对责任的接受会更好，毕竟强制手段也会被滥用。一如既往地，原则上笔者并不反对让加害人承担其责任的要求。毕竟，如果有人损害了别人，他或她就造成了一种负债、一种债务。加害人应当承认它，并且欣然地接受责任，而司法过程应当 p197
对此进行鼓励。

然而，人们通常不会欣然地承担其责任。很多加害人陷入困境的原因之一是特定类型责任的缺失。一个人不可能迅速地克服这样的责任缺失。在此，社会所能对加害人说的就很简单："你因侵犯某人而犯错。你有责任纠正那样的错误。你可以选择主动地去做，而且我们会允许你参与指出应当如何去做。但是，如果你不选择接受这一责任，我们就不得不为你决定需要做什么和要求你做什么。”

人们可以要求加害人接受责任来纠正错误，也可以有力推动他们通过直面被害人来承担更全面的责任。然而，人们不能而且不应该强迫他们这么做，而且毫无疑问地也不应该强迫被害人参与进来。强迫的见面不论是对加害人还是被害人而言都未必有益，而且可能会事与愿违。我们可以要求加害人纠正错误，但除去一定程度的自愿性，他们不可能完全地负责。

惩罚和修复的目的之一都是传递信号。惩罚的实用主义目标是告诉加害人，“不要实施侵害行为，因为它们是违反法律的”，“那些犯错的人理应遭受痛苦”。修复或偿还则寻求传递一种不同的信号，“不要实施侵害行为，因为它损害了某些人。那些损害他人的人就必须纠正错误”。我们的行动所传递的信号并不总是会被理解，正如英国作家马丁·赖特（Martin Wright）所指出
p198 的，当做事的时候，我们需要确保它是正确的信号。①

关于传递“犯罪是错误的”这一信号的需要，赖特同样注意到：

> 我们可以通过为被害人做点什么（而且要求加害人去这样做）来更富建设性地谴责犯罪，而不是一味地对抗加害人。②

犯罪产生了纠正错误之债，而且不论宽恕是否发生，这种债

---

① “Mediation,”（FIRM）5, No. 2（March 1989）, p. 7.

② Martin Wright, “From Retribution to Restoration: A New Model for Criminal Justice,” *New Life: The Prison Service Chaplaincy Review*, 5（1988）, p. 49.

都会持续存在。当我们犯法后，我们不能因为经历了来自上帝，甚或来自被害人的宽恕，就认为没有其他责任存在。尽管如此，被害人可能选择原谅其所欠的具体责任，这也是真的。一个加害人很少能够完全补偿被害人和加害人双方损失的一切。赫尔曼·比安基（Herman Bianchi）曾经指出，犯罪产生了义务，而宽恕就是移除那些无法恢复之事所对应的义务。

在可能的范围内，加害人应当进行弥补。然而，很多案件中，在加害人被确定之前，存在着相当大的延误。在不少情况下，加害人根本从未被确定过。同样，很多被害人和社区所有的、由犯罪所带来的需求超出了加害人所有的纠正错误的手段。而且加害人也同样存在需求。这就构成了社会的责任：关注个体单独无法关注的需求。社区这部分的特定责任也就由此产生于犯罪了。 p199

加害人也有需求

按照圣经的观点，司法的运行不是因为该当，而是因为需要。尽管在报应性或该当性模型中，加害人也许不“值得”就他们自己的需求获得优先性，但社会的自身利益表明这些需求是正当回应的一部分。确定和处理加害人的需求是恢复性司法的关键因素。

在本章开篇的故事中，泰德需要接受治疗。法律系统将他的行为解释为“性骚扰”。这种行为其实是更大的人格缺陷和机能障碍类型中的一部分。如果弃之不顾，它就只会变得更糟。其中部分所需治疗就包括帮助泰德认识到他的行动对年轻的被害人所造成的影响。

毫无疑问，加害人具有很多需求。他们需要就其对被害人和事件的成见和合理化——其“错误的归因”——受到质疑。他们可能需要学会更具责任感。他们可能需要发展就业和人际技能，常常需要情感上的支持，可能需要学会用更恰当的方式来排遣愤怒和挫败感。他们可能需要得到帮助来发展一种积极和健康的自我形象，并且他们也常常在处置罪过方面需要帮助。和被害人一样，除非这类需求得到满足，否则完满结束是不可能的。

在犯罪后果中，被害人的需求构成了恢复性司法的出发点，但人们也不能忽略加害人和社区的需求。

归责的问题

需求和责任：这是归责的问题。当损害造成之后，加害人就需要承担责任，而且所用方式代表他们行为的自然后果。这种归
p200 责意味着了解和承认损害并采取措施来改正错误。

这里存在着加害人归责的第三个、中间的维度：分担责任以决定需要做些什么。查林法官（Judge Challeen）论及了负责任的审判。①

正因为加害人的行为常常反映其不负责任，所以简单地告诉他们将要发生什么会让他们推卸责任，促进进一步的不负责任。所以，在他的法庭上，他告知加害人他们必须处理的维度。然后他要求他们回过来提交一份计划，有关他们希望如何满足这些要求以及将如何监督和执行判决。VORP 通过使加害人协商并同意偿还来从事这一工作。

在印第安纳州社区司法中心举办的一个新的“青少年修复”实验中，年轻的加害人必须在作出“裁判”之前参加我们的项

① Dennis A. Challeen, *Making It Right: A Common Sense Approach to Crime* (Aberdeen, South Dakota: Mielius and Peterson Publishing, 1986).

目。在那里他们受到鼓励去了解他们的行为：（1）对被害人造成的伤害，（2）对社区造成的伤害，（3）对自己造成的伤害。工作人员和他们一起工作来帮助他们提交一份涉及全部三个方面的“判决”。例如，通过 VORP，他们可能会了解到被害人的需求并进行偿还。通过社区服务他们可能会希望回报社区。通过研习，艺术治疗或其他活动，他们会谈及一些自己的需求。虽然这项实验会有多成功还尚未可知，但重点在于：归责应当加强和促进责任。而且它应当认真对待全部三个层面的责任：被害人、社区和加害人。 p201

加害人必须要承担责任，但社会也同样如此。社会必须对被害人负责，帮助确认和满足他们的需求。同样地，更大的社区也必须关注加害人的需求，不仅要追求恢复，而且还要追求转变。归责是多维度和变革性的。

对于归责的理解

报应性视角	恢复性视角
恶行产生罪过	恶行产生义务和债务
绝对化的罪过，非黑即白	不同程度的责任
罪过不可磨灭	罪过通过悔改和修复可以消除
债是抽象的	债是具体的
债通过接受惩罚来进行偿付	债通过纠正错误来进行偿付
“债”以抽象的方式归于社会	债首先归于被害人
归责作为自食其果	归责作为承担责任
假定行为可以自由选择	承认人类自由潜在实现和真正实现之间的差别 p202
自由意志论或者社会决定论	承认社会背景对选择的作用而不否定个人的责任

程序必须被授权和告知

法官和律师通常都认为，人们最期盼的是案件的胜诉。但最近的调查研究表明程序也至关重要，而且刑事司法过程常常在感觉上不那么正义。发生了什么固然重要，但如何被决定也同样重要。①

司法必须是现场的，不能简单地由他人决定并告知我们。当有人简单地通知我们说司法已经结束了，所以我们现在可以回家了（作为被害人）或者去监狱（作为加害人）时，我们不会将之体验为正义。真正地亲历过、体验过司法也许并不总是愉悦的。但我们会知道它已经发生了，因为我们亲历了它而不是别人为我们完成了它。不单单是司法，而且司法的经历也必须出现。

首先，恢复性司法的第一个步骤是满足直接需求，尤其是被害人的。紧接着，恢复性司法应当设法确认更大的需求和责任。在确认这些需求和责任的过程中，程序应当在可能范围内将权力和责任交到那些直接涉案者——即被害人和加害人——的手中。它同样应当为社区的介入留下空间。其次，它应当通过促进互动和交换有关事件、对方以及对方需求的信息来处理被害人—加害
p203 人关系。最后，它应当关注问题的解决，不仅要处置当前的需求，而且还要处置未来的打算。

笔者已经讲述了参与对被害人和加害人双方的重要性。对被害人来说，丧失权力是受到侵犯的核心因素，而赋予权力对复原和正义而言至关重要。对加害人而言，不负责任和丧失权力的感

---

① 参见"Mediation," June 1988; and Martin Wright, *Making Good: Prisons, Punishment and Beyond* (London: Burnett Books, 1982), pp. 246ff。

觉可能会为通往侵害行为之路添砖加瓦。只有通过参与“解决问题”，他们才能走向责任和犯罪的结束。

社区在此也有作用要发挥。现代社会的部分悲剧是我们把问题交给专家的倾向。这是我们关于健康、教育和抚养孩子等问题的趋势。并且它毫无疑问地适用于被我们称之为犯罪的损害和冲突案件。通过这么做，我们丧失了权力和能力来解决我们自己的问题。更糟糕的是，我们放弃了从这些情况中学习和成长的机会。恢复性的回应必须认识到社区在寻求正义的过程中占有一席之地。

司法的一个重要部分是有关双方当事人、犯罪事实、需求的信息交换。被害人想要得到其有关发生了什么，为什么发生，以及是谁干的等问题的答案。加害人需要了解他们做了什么以及是对谁做的。直接交流应当取代成见的位置。错误归因应当受到质疑。此种信息的交换至关重要，而且从理论上说它可以通过直接互动来实现。在这种背景之下，对如何处理过去所发生之事和未来将要发生之事的问题就能够予以解答。这种法律后果需要用可度量、可监管之协议和处理办法的形式予以记载。 p204

被害人和加害人之间的调解是符合上述标准之司法的途径之一。被害人—加害人调解赋予参与者以权力，挑战了错误归因，提供了信息交换的平台，并且鼓励了旨在纠正错误的行动。通过社区调解员的利用，它还为社区的参与提供了条件。调解和司法的恢复性进路高度兼容。

然而，调解预设了一定的前提条件。安全必须得到保障；参与者必须得到其所需的情感支持而且必须自愿参加；经过培训的调解员至关重要；时机也必须适当。

满足这些前提条件之后，调解必须得到适当的组织而且必须处置关键话题。马克·昂布里特（Mark Umbreit）曾指出过调解的“授权”模式的重要性，而不要调解员直接或通过操纵强加他或她的议程和人格的模式。①

人们不应该在达成协议的过程中绕过信息的交换和情感的表达。罗恩·克拉森（Ron Claassen）教导他的 VORP 调解员说，要完成一个调解，有三个问题必须得到满意的回答。

首先，这种非正义是否得到了确定和承认？加害人是否坦白和接受了因其行为引发的责任？被害人的提问是否得到了回答？加害人是否有机会说明在他的生活中发生过什么？

其次，是否就该如何尽可能地恢复平衡达成了协议？

p205 最后，是否涉及了未来的打算？加害人有否计划再犯？被害人觉得安全吗？有无关于跟进和对协议进行监管的条款？

借用圣经的语言，克拉森将这三个大类总结为认罪、偿还和悔改。②

但调解并非总是适当的。即便是拥有支持和安全的保障，担心还是会过于强大。当事人之间权力的悬殊可能会过于严重而且无法克服。被害人或加害人可能会不愿意。侵害行为可能太过可恨，或者说遭受的苦难太过严重。当事人一方可能在情绪上不够稳定。被害人和加害人之间的直接接触可以非常有用，但司法却不能只依靠这样的直接互动。

在这种情况下，有各种各样其他的手段可以继续确保以互动和信息交换为中心。由加拿大和英国的项目所开创的代理被害人的应用就是一个例子。在这里加害人和不是自己的被害人见面，

---

① Mark Umbreit, *Victim Understanding of Fairness: Burglary Victims in Victim Offender Mediation* (Minneapolis: Minnesota Citizens Council on Crime and Justice, 1988), pp. 25ff.

② Claassen and Zehr, *VORP Organizing*, pp. 24–25.

是迈向设定责任和分享信息的一步。这对性侵犯之类的情绪敏感性情况，或是存疑案件的情况尤其有用。①

绝大多数性虐待疗法将被害人和加害人分开、隔离治疗。它很少提供确认和作用于包含在侵害行为之内的信任滥用的手段。它也很少提供结束犯罪的途径。关注的目光很少被放在侵害事件是如何被感知的，以及对事件或个体的错误归因上。 p206

由治疗师沃尔特·贝瑞（Walter Berea）开发的对完满结束“被害人敏感的性侵犯者疗法”则不尽相同。② 这种治疗方法包括三个阶段。第一个是“交流平台”阶段。治疗师会接触缓刑官、之前的治疗师，以及在极为罕见的情况下可能会接触被害人。接触被害人会提供更加完整的事件信息，让被害人知道加害人已经在进行治疗，并且允许治疗师询问被害人的需求是否得到了满足。

在治疗的第二阶段会质疑对被害人的错误归因。加害人会得到帮助以承认责任，并认识到其行为所带来的后果。在这段时间里，他会写下对被害人的道歉信。对被害人来说，这一阶段提供了时间来肯定他本人并无过错和无可指摘。

这一治疗的第三个也是最后一个阶段关注的是和解。可选方式包括真正地接受加害人所写的道歉信、面对面的会谈或者“非接触性的”与加害人就未来达成合约。选择是被害人的。这

---

① 例如，参见 Gilles Launay and Peter Murray, “Victim/Offender Groups,” *Mediation and Criminal Justice*, ed. Wright and Galaway, pp. 113 – 131。

② Walter H. Bera, “A Three Stage Sex Offender/Victim Reconciliation Model with a Systemic and Attributional Analysis.” Unpublished paper prepared for the Task Force on Restorative Justice, October 30 through I November 2, 1986, Guelph, Ontario.

样一种方式将认真地对待损害和侵害行为的人际维度，以及被害人和加害人双方的需求。

“杰纳西司法（Genesee Justice）——纽约州信心十足地全力打造。”纽约巴达维亚（Batavia）警察局运作项目的标语这样写道。考虑到监狱的过度使用和被害人的需求，这一项目是为严重
p207 暴力案件——如过失杀人、故意伤害和故意杀人量身定做的。当这样一种侵害行为发生时，直接和集中的援助就被提供给被害人和幸存者。所给予的支持是全方位的。它不只是关注其法律需求，而且还关注情感和精神需求。

工作人员会陪着被害人一起回顾受害的历程。在此过程中他们会向“系统”提供有关被害人经历的全部信息以帮助被害人。在这一过程中，被害人会被允许在一定程度上介入保释甚至是审判之类的决定过程，如通过被害人—加害人会面的方式。考虑到所有的支持和参与，被害人的愿望常常会变得出乎意料地富于建设性和救赎性。至少，他们的需求得到了满足并且损害的各种维度都得到了确认。

直接的被害人—加害人互动和授权的理想类型并非总能得到完全的实现。一些第三方决定不可避免。对社区关系重大的案件不可能仅仅留给被害人和加害人决定。这里必定同样存在着某种社区的疏忽。但是，这些案件无须为我们如何看待和回应犯罪设定标准。即使在这样的案件中，我们也要保持我们面前的有关犯罪究竟是什么，以及究竟应该发生什么等问题的视角。

司法包含仪式

我们的法律体系设置了很多仪式。实际上，审判在很大程度上是种仪式、戏剧、表演。然而，我们却经常忽略仪式最重要的

需求。

有关需求的这些要点之一，就是侵害行为是何时发生的。这就是在《诗篇》中描述得如此传神的哀悼仪式最合适发生的地方。“杰纳西司法”通过向那些感兴趣的人提供哀悼和治愈的宗教服务确认了这一需求。 p208

不过当司法完成时——无论是完全的，还是近似的——我们都同样需要闭幕的仪式。赫尔斯曼称其为“重建秩序的仪式”。这些对被害人和加害人双方而言或许都很重要。

这样的仪式为教会扮演异常重要的角色提供了一个舞台。

还有惩罚的余地吗？

笔者已经论证了惩罚不应是司法的重心。但是，在恢复性的观念中是否有为某种形式的惩罚留有余地呢？毫无疑问，偿还之类的选择将会被某些人理解为惩罚，即便存在更为应得和富于逻辑的惩罚。例如，在 VORP 的一个主要调查研究中，加害人将他们承受的法律后果描述为是惩罚，但也认为它们比传统惩罚更为积极。或许惩罚性语言的出现是因为替代性术语的缺乏（虽然有人的确使用“纠正错误”的表达方式来描述司法）。然而，接受责任是痛苦的，而且将必要地被部分理解为惩罚。相类似的，隔离那些危险分子，即便是在最好的条件之下，也是痛苦的。

因而，真正的问题不是人们是否会将恢复性司法的某些因素体验为惩罚，而是惩罚是否被故意设计为惩罚的问题占有一席之地。克里斯蒂曾经论证说，如果要施加痛苦——故意设计的痛苦，就至少应当在没有更进一步目的的条件下应用。

痛苦应当仅仅被当做惩罚来加以应用，而不是被当做达致诸如矫治和社会控制的某种其他目的的手段。结合其他功利的目的

p209 来应用痛苦将是不诚实的，而且是把人当做商品来使用。克里斯蒂类比了悲伤，当我们悼念亡者时，我们为悼念而悼念，而不是为了某种其他的目的。克里斯蒂同样强调我们施加痛苦只能是在其将降低痛苦施加水平的条件下。

也许惩罚还不能从恢复性进路中完全消除，但它不应是常规性的，并且其使用和目的都应当谨慎地加以规定。圣经上的例证说明惩罚的目的、本质和语境都至关重要。例如，在圣经的语境中，惩罚通常不是目的。它旨在解救和创造平安。圣约司法运行在爱的场景之下。宽恕与和解的可能性是隧道尽头的明灯。惩罚是有限的，但爱是无尽的。挽回的是仁爱，而不是惩罚，是首要的人类责任。

当我们以一个社会来实施惩罚时，我们必须在其具有公正性与该当性的背景下这么做。叶礼庭指出，惩罚必须被看做是公平和合法的，因为除非提供了赋予经历犯罪事实的框架，否则我们不能体验到正义。为了使惩罚看上去是公平的，法律后果和过程就必须和原初的恶行相关联。然而，社会性的背景也同样必须被看做是公平的，而这提出了更多有关社会、经济和政治正义的问题。

即使在恢复性的进路中还留有惩罚的余地，这种余地也不会是核心的。它将需要在控制和降低痛苦水平的条件下，以及在以恢复和治愈为目标的背景下加以应用。或许还存在着“恢复性惩罚”的可能方式。然而，话一出口，笔者就急着要附带说明
p210 破坏性惩罚的可能方式更加流行。

两种视角

之前，笔者简要总结了报应性视角和恢复性视角。这两种视

角可以用略微较长的形式进行梳理。根据报应性司法：（1）犯罪侵犯了国家及其法律；（2）司法关注定罪；（3）从而痛苦的剂量是可以度量出来的；（4）通过两造对抗的方式来寻求正义；（5）在此过程中加害人与国家相对抗；（6）规则和意图优于法律后果。一方胜利另一方就失败。

根据恢复性司法：（1）犯罪侵犯了人和关系；（2）司法旨在确定需求和责任；（3）从而事情就能恢复应然状态；（4）司法鼓励对话和彼此的共识；（5）赋予被害人和加害人以中心地位；（6）根据责任设定、需要满足以及个体和关系治愈被推进的程度来进行评判。

寻求满足需要和纠正错误的司法与以责备和痛苦为核心的司法相比，看上去是如此的不同。下表试图对这两种司法观念的特征和内涵作出简要的说明。

对司法的理解

报应性司法	恢复性司法	
以指责为核心	以解决问题为核心	
聚焦过去	聚焦未来	
需求是次要的	需求是首要的	p211
争斗模式；对立的	对话是常规的	
强调差异	寻求共性	
强加痛苦是常规的	恢复和偿还被认为是常规的	
一种社会伤害被加诸另一人身上	强调修复社会伤害	
加害人造成的损害由对加害人的损害来进行平衡	加害人造成的损害由纠正错误来进行平衡	
关注加害人；被害人被忽略	被害人的需求位于核心	

续表

报应性司法	恢复性司法
国家和加害人是关键因素	被害人和加害人是关键因素
被害人缺乏案情资料	案情资料被提供给被害人
偿还很少见	偿还是常态
被害人的“真相”是次要的	被害人被赋予机会“说出他们的真相”
被害人的苦痛被忽略	被害人的苦痛得以哀悼和认可
由国家对加害人发起行动；加害人被动	加害人在解决问题的过程中被赋予一定角色
p212 国家是唯一对罪行的处理	被害人、加害人和社区的作用得到确认
加害人对问题解决没有责任	加害人对问题解决负有责任
法律后果促使加害人不负责任	负责任的行为得到鼓励
关于个人谴责和排斥的仪式	关于哀悼和重建秩序的仪式
加害人受到谴责	损害行为受到谴责
加害人与社区的联系被削弱	加害人与社区的融合被提高
碎片化地看待加害人；侵害行为被机械定义	整体性地看待加害人
经由报应的平衡感	经由偿还的平衡感
通过降贬加害人来恢复平衡	通过提升被害人和加害人双方来恢复平衡
作为正当规则的正义	作为正当关系的正义
被害人—加害人关系被忽略	被害人—加害人关系位于核心

续表

报应性司法	恢复性司法
程序导致疏远	程序旨在和解
处置是基于加害人过去的行为	处置是基于加害人行为所造成的后果
悔改和宽恕不受到鼓励	悔改和宽恕受到鼓励
代理专家是关键行动者	被害人和加害人位于核心；可获专业帮助
竞争性的、个人主义的价值观受到鼓励	互惠和合作受到鼓励
忽略行为的社会、经济和道德背景	全部背景具相关性
设定非赢即输的法律后果	使双赢的法律后果得以可能

p213

报应性司法、恢复性司法，世界经由这两种视角看起来大不相同。报应性司法，我们是有的。它可能并没有做到应当去做的事，甚或是其参与者声称其做到的事，但在我们对其驾轻就熟的意义上，它的确“有用”。那么被笔者称之为恢复性司法的更加难以捉摸的视角又该如何呢？我们将何去何从呢？ p214

第十一章　何去何从

我们将如何全面贯彻落实恢复性的体系呢？推敲这一问题是有趣的。

体系的可能性选择

有人力主将法律“民事化”。①

不同于刑法，民法用伤害和义务而不是罪过的术语来定义恶行。因而，法律后果关注的是解决和偿还而不是惩罚。它们允许一定程度的责任，而不用非赢即输的术语来定义它们。正因为国家不是被害人，所以真正的参与者仍旧处于中心地位，仍旧在此过程中拥有重要权力和责任。正因为法律后果首先不是惩罚性的，程序保障就不那么受到关注了，而且相关事实就不怎么受到限制了。如果我们修改民事程序以确保安全保障会怎样呢？如果我们确定被害人可以在当我们不能达成合意或当危险问题牵扯其

① Cf. Martin Wright, *Making Good* (London: Burnett Books, 1982), pp. 249 – 250.

中时，允许第三方决断的过程中拥有代言人又会怎样呢？如果我 p215
们将案件抽离刑事程序，并将其置于已经修改的民事程序之下，又会怎样？

刑法的应用是报应性范式的诱因。可是，刑法是西方社会相对较新的添加物，并且运作于在很多方面与其余生活背道而驰的前提假设之下。现有的民法结构或能为避免其中一些假设的司法观念提供一种替代性框架。

也许我们不应对逐步拆除报应性体系心存幻想，而是应当开发一种平行的体系以供选择。赫尔曼·比安基曾经论证说，在中世纪时期两条平行轨道的存在——国家司法和教会司法——从某些方面来说是件好事。两条轨道的存在为特定案件的参与者提供了选择。而且，每条轨道都是一种良知，并对另一方起到监察作用。

独立司法轨道的开发正是旧金山社区委员会（the Community Boards in San Francisco）的策略。这些项目为在“体制”之外解决纠纷，发展起了以邻里关系为基础的结构。项目对来自社区的人进行培训以充当案件工作者和调解员，并且高度重视社区教育和授权。他们的调解过程是一种对民事或刑事法庭的替代性选择。实际上，他们拒绝接受已经进入法律程序的案件。这些项目是教育和授权社区解决其自身问题的一种手段。

社区委员会和其他的纠纷解决项目展现出了很大的希望。它们代表了一种真正实行问题解决、社区导向司法视角的手段。不
过这类“非正式司法”的形式近年来却屡受抨击。① p216

各种各样的警告被提出来。法律后果可能不具有同一性，并

① 参见 Roger Matthews, ed., *Informal Justice*?（London: Sage Publications, 1988）。

因此违背了公平的基本理念。非正式的司法可能主要适用于穷人和无权的人，拒绝他们进入其他形式的司法。被害人可能被赋予了过多的权力。最后，国家和正式司法系统或许在实际上会得到更多而不是更少的权力和合法性。争议解决运动受到激励去仔细考虑其前提假设和终极目标。

在这一背景下，日本的模式就非常值得探讨。日本法专家约翰·O. 黑利（John O. Haley）报告说，在那里运行着一个独特的双轨制司法体系。[1] 正式和非正式的轨道相互平行地各自运行，但又在很大程度上相互依赖、相互影响。一种常见的类型就是严重案件会进入其中一个程序，而后又被移交另一程序。

一条轨道是西方式的、正式的刑事体系，具有很多熟悉的特征。这一过程聚焦于罪过和惩罚。它受到正式规范的支配，并由检察官之类的专业人士进行操作。这一轨道适用于多类犯罪。但
p217 是很少有案件经历完该系统的整个过程，而最终以长期监禁或者其他严重刑罚收场。不断有案件被转轨。对外行人来说，这整个系统看上去着实地宽大仁慈。

这种表现出来的宽大仁慈和正式司法系统长期介入的缺失正是第二条、较不正式的轨道的结果，而它在西方并没有相类似的事物。黑利对此总结如下：

---

① "Mediation and Criminal justice: The Japanese Model - confession: Repentance, and Absolution," presented to the CLE Seminar "Creative Justice Through Mediation" In Washington, on October 29, 1988. See also John O. Haley, "Confession. Repentance and Absolution," in *Mediation and Criminal justice*, eds. Martin Wright and Burt Calaway (London: Sage Publication, 1989), pp. 195-221.

> 认罪、悔改和赦免的模型主导了日本法律执行的各个阶段。这一过程中的参与者不仅包括以新面目出现的有权机关，而且还包括加害人和被害人。从最初的警察审问到最后的法官听审，绝大多数被指控刑事犯罪的人都认罪服法、表示悔过、协商乞求其被害人的原谅，并且服从以求有权机关的宽大处理。作为回报，他们会得到极为宽大的处理；他们至少可以通过脱离整个正式程序而获得制度化的赦免。

案件会在正式程序的各个阶段，从正式法律系统中被移送出去。只有一部分会进入到审查起诉阶段，而且只有更小的一部分会被全面起诉。更少的人会被判入狱而且几乎无人服刑 1 年以上。但是，这并不意味着日本的加害人不会被判有罪。事实上，日本的定罪率高达 99.5% 左右。

有各种各样的影响要素将案件从正式程序中分流，或作出非惩罚性判决的决定。其中一些考虑对西方人来说是熟悉的，比如，侵害行为的严重程度和加害人的主观恶性。然而，除此之外，还有一些独特的变量：加害人承认罪过、表达悔恨和赔偿被害人的自愿程度，以及被害人接受赔偿和愿意原谅的自愿程度。 p218

日本的高定罪率在很大程度上是因为加害人主动认罪并承担责任。当然，这种自愿的根源，部分是文化上的，但部分也源于这样的认识，即如果他们这样做，法律后果就更有可能集中于赔偿和矫正，而不是惩罚。在西方社会复杂的、惩罚性的法律体制阻碍供认的地方，日本的体制看起来将之常规化了。

被害人在这一过程中扮演了重要角色。他们期望补偿损失，而且对有权机关报告、起诉或审判加害人的决定拥有发言权。不过，他们并不控制该过程，也不承担对抗者或公诉人的角色。

西方人惊讶于日本有权机关将案件从正式法律系统中分流出去的意愿：这只是因为我们假定正式程序是首要的，并且其主要的关注点是定罪量刑。在日本刑事程序的基本目标是纠错，而这主导了有权机关的决定：

> 因而，（有权机关的）作用就并不局限于逮捕、起诉和宣判的正式任务。相反，一旦亲自确定了犯罪嫌疑人，他们对有罪的证据性证明的关注，就转移到了对嫌疑人的态度，以及改造和重返社会之前景的关注上，包括认可权威。如果矫正程序开始启动，宽大仁慈被认为是一种适当的应对。

黑利说，日本应对犯罪模式的典型做法是：

> 承认罪过、表达悔恨，包括和被害人就偿还和原谅
> p219 进行直接协商，以作为宽大处理的前提条件，而吝于诉诸长期监禁。

西方人会以为这样一种“仁慈”的回应不能阻遏犯罪。然而，黑利却总结说，这种类型的回应实际上正是日本低犯罪率的部分原因。

黑利感叹说，日本人将悔改和宽恕的理念制度化了，而西方却没有。推动悔改和宽恕的力量至少在犹太教—基督教的传统中和在日本的传统中是一样强大的。可是，西方：

> 却没能发展出实行这类道德要求的制度设置。相反，西方法律的机构和程序都反映并强化了报应和复仇

的社会要求。

尽管日本模式显然植根于日本文化，黑利还是相信我们可以从这一范例中学到很多东西。它显示出对接正式的和非正式的、对抗性的和非对抗性的体制的颇为诱人的可能性选择。日本模式为正式司法机器和国家安排了位置，同时，又为恢复留下了空间，并赋予了被害人和加害人更大的作用。虽然西方不能简单地照搬这一模式，但它却表明了司法可能同时既是个人的，又是正式的。杰尔姆·奥尔巴克（Jerome Auerbach）对失去正义之法律的危险表示担心，但更加担心不依法律之非正义的危险。日本模式则给予了希望，说明它们不是唯一的两种可能性选择。

各种可能性选择颇为诱人。但是，笔者必须承认在整个系统内加以实行的计划，在这一阶段肯定还存有很大疑问。在最近的一次恢复性司法研讨会上，凯·哈里斯（Kay Harris）鼓励我们 p220
继续发展这一视角，并抵抗住由于“尚未成熟的实用性”而产生的压力，从而打消了笔者的疑虑。①

还有很多理论性的工作尚待完成。在前一章中，笔者指出恢复性司法还不是一个范式，很多问题尚未完善或得到解答。社区是一个模糊的、常常被滥用的术语。它究竟是什么意思？以及它如何才能获得进入恢复性进路的现实性？国家的适当角色又是什么？

笔者已经强调了加害人的责任，但是我们对加害人的责任又

① 参见 M. Kay Harris，“Alternative Visions in the Context of Con－temporary Realities”，in *Justice*：*The Restorative Vision*，Issue No. 7 of *New Perspectives on Crime and Justice Occasional Papers*（Akron，Pennsylvania：Mennonite Central Committee，1989）. pp. 31－40。

当如何呢？我们该如何对待“危险的少数人”？要监禁吗？如果是这样，我们怎样作出这些决定呢？有惩罚的空间吗？犯罪领域里的恢复性司法理念如何与更大的社会、经济和政治正义问题相契合呢？圣经材料预设了一种紧密的关联，可这在今天的具体条件下又意味着什么呢？

更进一步的，笔者的架构在多大程度上反映了一种白人的、中产阶级的、男性的、北美洲的视角？凯·哈里斯对女权主义司法理念的研究也指向了一些相同的方向，但不是全部。[①] 恢复性司法的观点需要受来自不同文化、传统和经历的视角的检验。

即便有人能将恢复性司法展现为一个羽翼丰满的范式，但必
p221 须承认，笔者仍然会对整个系统范围内的实行保持警惕。库恩的范式变迁理论的缺陷之一是它将范式变迁看做是一种智力活动，而忽略了范式变迁的政治和制度动因。政治、制度的利益和程序无疑将影响变迁产生与否，以及它们最终采取什么样的形式。报应性范式就与现代国家的利益和功能紧密相连。这将对范式变迁与否，以及如果发生了变迁，会呈现怎样的形态产生相当大的影响。

法律和司法领域的变迁史并非一个充满希望的历史。推动变迁的努力常常被同化和转移，而不同于他们最初的观念，有时甚至是通过曲解和有害的方式。监禁的起源就是一个很好的例子，而且肯定会作为对我们当中那些思变之人的不断提醒而一直存在。正如笔者之前所提及的，或许这样的“进步”会因为没有质疑基本假设而误入歧途。不过，问题会比这更加复杂。

---

① 参见“Moving into the New Millennium: Toward a Feminist Vision of Justice”, *Prison Journal*, 67, No. 2 (Fall - Winter, 1987), pp. 27 - 38。

有时所谓的替代性选择不过是新瓶装旧酒罢了。[①] 观点时常具有隐藏的内涵，需要过一段时间才会显现。而且各种压力——内在的和外在的——都会使这种努力偏离其原来的方向。有时它们最终只能重塑观念以服务于完全不同于计划的利益和目标。

因此，在我们想象得过于宏伟之前，我们有责任对其内涵加以谨慎地通盘思考。我们必须对变迁的动力尽可能地通晓，而且我们必须对我们的梦想在何种情况下会误入歧途而预先计划。 p222

此时此刻

当我们仔细思考更大的可能性选择的时候，我们必须同时追求过渡性的目标和活动。有些事情是我们此时此地、在此期间可以而且必须去做的。

我们必须继续进行对话，与那些赞同者和反对者进行“交涉”（palaver）。[②] 我们必须检验、探索和发展我们的视角。

我们也必须成为司法的耕种者，培植我们的实验田和推广基地。例如，我们必须培植更多的 VORP，并检验 VORP 的新形式和新应用。我们应当为被害人提供运作于恢复性框架之下的新的服务。这些包括至关重要的仪式，它将显示我们作为一个社区都

① Matthews, *Informal Justice*? p. 102.

② 我们正在赫尔曼·比安基（Herman Bianchi）的建议下将这一术语（来自葡萄牙语“palavra”，交谈）用于我们的讨论。最近拉斯·伊曼里金（Russ Immarigeon）指出，根据辞典，它被定义为“闲聊”或是“交谈，意图吸引或诱骗”，又或是“欧洲探索者和本地居民代表之间的会谈，尤其是在非洲”。“我们要取‘闲聊’之意吗？”他问道。并且为什么“尤其是在非洲”呢？辞典显示了另一种、有关讨论和争辩的、含义更为中立的词语，但或许这些其他的内涵也应该铭记于心。

站在他们这边以同情遭遇、谴责恶行并寻求治愈。与此同时，我们也需要为加害人及其家人提供新的服务。通过这一切，我们需要发掘出惩罚的替代性措施，为归责、修复和授权提供可能性选择。

通过 VORP，我们对财产型犯罪的恢复性方法已有所了解。现在是时候来进一步实施“严重案件”的检验了。谋杀案可以适用吗？配偶和儿童虐待案又如何呢？强奸案呢？存在哪些可能性选择以及存在哪些限制？哪些程序产生了作用而哪些没有？我
p223 们又需要哪些保障措施？

有关这类问题的讨论和检验已经开始，但是仍然有很多工作要做。这就需要勇于创新、甘冒风险、大胆设想，同时又脚踏实地、艰苦奋斗、认真严谨。它要求理论家和实践者之间、“专家”和外行之间的合作。而过去的被害人和加害人的参与将是至关重要的。

当我们和其他人追求我们的“替代性选择”的时候，我们就必须不断检验它们是否真的是替代性的选择。它们是否真的反映了另一种价值？抑或它们仅仅是替代性的技术？它们是否与恢复性司法的重点相一致？它们又是否将我们带到了这一方向之上？

我们必须开发过渡性的策略和方法，但是我们又必须充分考虑它们能将我们带向何方。至少，我们应当对我们所做的努力提出以下问题：它们是促进还是阻碍了惩罚价值？它们是否能被用来建构新形式的控制或惩罚？它们是否会提供大量的经验，起到实验或推广“基地”的作用？它们是否包含了恢复性视角的关键因素？

哪些是恢复性视角的“关键因素”呢？或许我们可以开发出一套恢复性司法标准来衡量我们的努力。笔者尝试过要在附录

中列出更为全面的列表，但首要的任务还应当是解决如下问题：该项目或其处理结果是否致力于为被害人修复损害？它是否关注到加害人的需求？是否将社区的需求和责任考虑在内？是否处理了被害人—加害人关系？是否鼓励加害人承担责任？是否鼓励被害人和加害人参与处理过程，并参与处理结果？ p224

从旧事物中产生新事物

与此同时，教会需扮演关键的角色。研究《旧约全书》的学者米勒德·林德（Millard Lind）提醒我们，圣经司法的存在在当时和现在一样，和国家司法形成鲜明对比。他提出了一个重要问题："基督徒们该如何将这一新的、经过改变的司法模型和这个世界的司法系统联系起来？"基督教群体的责任又是什么？

林德考察了几个世纪以来教会的四种不同回应。第一种是撤退的策略。在某些节骨眼上教会试图让自身与世隔绝。但是，这种撤退的策略是一种虚伪的策略，因为它忽略了欲与人分享之上帝司法的"进取"特征。第二种回应是君士坦丁式的，一种投降的策略。这曾经是教会占主导地位的回应，它大量采纳了世俗世界的前提假设。第三种策略为启蒙运动所采用，是一种否定司法模型间紧张关系的策略。

而基督的策略则代表了第四种回应：在旧事物的中间创造新事物。在《漫谈》（*Easy Essays*）一书中，彼得·莫林（Peter Maurin）对天主教工人的评论很好地抓住了这一精神：

> 天主教工人相信可以根据有关新社会的哲学在旧世界的框架中创造出一个新的社会，而这种哲学又并非一种新的哲学，而是一种非常古老的哲学，一种太过于古

老以至于看上去像是新的的哲学。

基督的策略是创造一个新的社会（即教会），它具有新的运行原则和假设，而这些都将运作于旧世界的中间，同时又作为一
p225 个榜样和对旧世界的一种挑战。[1]

至此，林德所提问题的部分答案就应该是集合我们自己的行动。太多时候在教会中，我们忽略了被害人并且以借自于更大社会的报应性视角来对待犯错。使徒保罗告诫说，基督教徒应当避免将他们的纠纷提交给运行于不当前提假设之下的国家法庭。而他的观点也不单单是消极的。他认为，教会应当发展它自身的替代性结构来贯彻执行圣约司法。当然，我们必须反复审查我们用以处理教会内部损害和冲突的视角，并创造出涵盖了恢复性认识的新的结构。通过这种方式，教会就可以为他人提供一种模型。[2]

当我们在教会框架之外运行司法时，我们需要随身携带恢复性的视角，让它塑造和通报我们的所为。教会还必须对在旧有框架内建立替代性结构起到指引示范的作用。我们必须带头培植基地以为检验和示范。

如果我们真的有一天可以发展出一种真正名副其实的报应性司法的替代性手段，我们就必须超越理论而走向一种新的基本原理和一种新的"物理过程"。也就是说，我们不仅需要新的表达方式，而且需要一系列的贯彻执行的原则和程序，它会使该范式

---

① 参见 John H. Yoder, *The Original Revolution*（Scottdale, Pennsylvania: Herald Press, 1971）。

② 关于在教会范围内解决冲突的资料，请联系 Mennonite Conciliation Service, Box M, Akron, PA 17501。

富于意义。教会在这一过程中担负着特殊的责任。

余论

报应性司法深深植根于我们的政治制度和思想灵魂之中。或许希望它从根本上发生改变是一种奢求。可是我们必须认识到所用范式的重要性，并且解放自我去质疑这些范式。我们也可以开始使用一种新的视角来通报和塑造我们认定值得去做的事，而且也可以开始使用另一种视角，应用于我们确能有所控制的生活领域之中：在我们的家庭之中、我们的教会之中、我们的日常生活之中。 p226

如果恢复性司法不是一种范式，或许它仍旧能够成为一位作家所称的“敏化原理”，① 或许它至少能够促使我们在施加痛苦之前进行深思熟虑。

观察家们一直试图了解：为什么荷兰自第二次世界大战以来拥有如此之低的监禁率。一项最近的研究总结道：怠于判处入狱的原因较之有关审判的特殊哲学，更多的是基于有关监狱的“无良”。②

被纳粹分子操纵的关押经历和质疑监禁的法律学校课程影响了整整一代的法理学家，其结果是一种对以监禁方式来施加痛苦的踌躇。无论如何，有关我们的视角的讨论能够促成这样一种氛围，即痛苦的施加只是一种最后的手段，一种失败的声明，而不再是司法的核心所在。

---

① Sebastian Scheerer, "Towards Abolitionism," *Contemporary Crises: Law, Crime and Social Policy*, 10, No. 1 (1986), p. 9.

② Willem De Haan, "Abolitionism and the Politics of 'Bad Conscience'," *The Howard Journal of Criminal Justice*, 26, No. 1 (February 1987), pp. 15 – 32.

附录 1　恢复性司法的准绳

1. 被害人是否经历司法公正：

是否有充分机会对相关听众阐明事实真相；

是否得到应有的补偿或赔偿；

犯罪行为的非正义性是否得到充分的认同；

是否得到充分保护以免受到进一步的侵犯；

法庭审理是否足以反映案件的严重性；

是否得到有关案情、侵害人和法律程序的充足信息；

是否在法律程序中有发言权；

司法过程是否公开；

是否得到其他人的充分协助；

其家人是否得到恰当支持和帮助；

其他物质上、心理上和精神上的需求是否得到考虑。

2. 加害人是否经历司法公正：

是否得到劝导与鼓励，以真正理解犯罪行为并承担责任；

错误的归责是否受到挑战；

是否得到纠正错误的机会；

是否得到参与法律程序的机会；

是否被鼓励悔改；
是否具备对悔改的检查和验证机制；
其需求是否得到考虑；
其家人是否得到支持和帮助。
3. 被害人—加害人关系是否得到考虑：
如果适当，是否有机会直接或间接地会面；
是否给予机会并鼓励双方交换有关于案件和彼此的信息；
错误的归责是否有所改观。
4. 社区的忧虑是否得到考虑：
程序和结果是否充分公开；
社会的安全是否被考虑；
社区是否有采取恢复性和象征性行为的需要；
社区的利益在法律程序中是否得到申明。
5. 是否考虑到未来：
是否有与此案件相对应的法律条文；
是否有法律条文去解决此案件引发起的问题；
今后的目标是否得到考虑；
是否有关于监督、检验和矫正结果的规定。

附录2　观点的背离

一切改良性的观点在实践中都有可能会偏离或背叛其原初的意向，有时甚至导向完全相反的方向。这种导向在很多领域中都有显现，尤其是在刑事司法领域，而对于 VORP 来说也是如此。

过去几年我一直参与有关 VORP 的实践，努力寻找导致本意歪曲的因素。有些歪曲也许难以察觉，但如果我们了解整个法律程序的发展情况，仍然可以把这种歪曲降低到最小限度。在此，我试着列出一些导致偏差和背离的因素，并将它们分成三类，列举如下。

1. 刑事司法利益。

在 VORP 领域中，一个不断被提及的偏差来源就是有关司法的报应性目标与恢复性目标之间的争议。传统的刑事司法体系在本质上是报应性的，主要讲求惩罚；而 VORP 则关注司法的恢复性。这两者可否并存，还是较强势的体系迫使大家接受其所确立的其中一个目标？如果我们沿用系统通用的惩罚性司法的语言，其惩罚性倾向就会遮盖恢复性的目标。但如果我们不用惩罚性的语言，我们就很有可能被边缘化，去处理轻微案件。

刑事司法体系同样也在其他方面造成偏差。刑事司法具有与生俱来的以加害人为中心的导向性，事件、案例和诉讼主体都是用以加害人为中心的系统语词来加以定义的，其中被害人占很少的法律地位。那么，如果我们沿用并参照以加害人为中心的体系，又如何能够保持对被害人的平等和真实的司法公正呢？

偏差的第三个来源是刑事司法本身的利益。如前所述，司法体系中不同部分有其不同的利益所在，并且都倾向于将新的概念整合到它们的利益范围中去。在《离开法律的正义》一书中，杰尔姆·奥尔巴克就曾对美国历史上纠纷解决程序中所存在的此类问题作出过分析。

2. 制度化过程。

某种想法要付诸实施，少不了制度的构建。而制度构建过程的本身就会产生偏差。

首先，对于制度构建而言，影响其运作管理的因素非常重要。运作管理的过程要求易于收集、整理和分析的度量手段，从而可以借助它们来证明特定机构存在的必要性，比如在 VORP 中，我们企图用所处埋案件的数量和“成功”的频度来衡量其存在的价值。

由于和解难以度量，我们就会强调相对比较容易度量的金钱赔偿。我们会对调解员施加压力，要求尽早结束案件的同时保存案件数量，却不关心案件结案的质量。当然，我们可以求助于专业化的调解员，但行政管理性质的目标和因素很轻易就能改变其中的恢复性司法因素。

这种讨论暗示了制度存在的合理性问题，它马上使我们联想到资金和资金来源的问题。公益活动的开展需要资金，正如有人所说，没有资金来源，计划就会搁浅。

其次，调解人员的职员身份以及事业目标的发展在一定程度上也造成了这样一种偏差。随着某一制度的发展，人们开始追求基于该制度的事业，并且开始进行自我打算和职业规划。这种影响虽然微妙，但同样也不能忽略。

我们每一个人都需要他人的支持和社会的归属感。对于参与VORP的人来说，到哪里去寻求这种归属感呢？由于我们自成一体，所以最先有可能从传统的刑事司法领域中寻找。这当然有其长处，但同时也会因为对其价值和假设的认同而造成恢复性司法本身的偏差。

被雇佣的职员及其所持的价值观念对恢复性司法来说非常关键。大部分改革之所以被颠覆在渐进性的互选过程中，而我以为这种因素实则更为重要，起效也更为快速。当领导者阐明了一个宏大的观点，但职员却都来自于传统的刑事司法职业群体，他们与其由另一种的新模式引导，代之以新的理论观念，还不如秉承传统的刑事司法价值观念，自然会更倾向于用传统的方式处理问题。如果不是所有职员都持有新的价值观念，那么就很难与传统的做法真正地加以区别。

机构的发展会经历不同的阶段。这些阶段需要不同的领导类型，每个类型都有其长处和短处，都会影响到项目的推行。

机构发展的初级阶段需要一批开创者来领导，包括思想家和冒险家。在这一时期，开创性显得尤为重要，创意必须具体化和可行化，资源必须得到创造性的利用和配置，并有开创性精神的改革家给工作注入能量、激情和创造力。当然，开创者往往不是经营者。从某种意义上来说，领导者应该变得更为务实，以处理实际工作来维持机构的运转和项目的执行，这点非常重要。但是，经营者也往往代替不了开创者。他们常常忙于日常事务而忽略了长远的意蕴、项目的长远价值以及梦想，更不喜欢冒险。如果项目在预期和设想的职能尚未建立前就进入了经营型领导者的阶段，那么，另一个潜在的背离本意的源泉就产生了。

3. 项目的设计与运作。

项目的制定常常为了完成不同的目标，但一个好的项目往往只有一个主要目标；此外，多种不同目标之间可能会产生冲突。

VORP在埃尔克哈特的实践以及英国的研究都表明了这样一种情况。比如说，减少监禁的目标有时会与和解的目标产生冲突，一个以减少监禁为主要目标的项目会导致对和解和被害人的忽视。

总之，不加考察政策的长远意蕴而执行项目，无疑是将问题简单化了，无论从理论层面还是在实践运行上都是如此。一系列未经考察的细小的、具体的步骤加在一起，会把我们带离正确的道路，让我们在不知不觉中迷失原初的方向。

附录3 对小组研究的建议

以下的“研究题目和实施办法”是提供给有意向进行小组研究的人的。其中，第一章只是提出简述这一案例作为以下章节讨论的基础，故而没有研究题目。

小组带头人应当选择最切合他们特定研究条件的题目和实施办法。关于这点，尽管我们在各章中都有所提及，但也仅仅是给小组研究提供了一些有益的参考，并不妨碍小组带头人设计其他的题目和实施办法。我们鼓励研究小组发展有关刑事司法的创新性建议，以及其他实践性的意见，并烦请将这些建议和有关本书的其他反馈寄至：

Howard Zehr

Mennonite Central Committee U.S. Office of Criminal Justice

107 West Lexington Ave.

Elkhart, IN 46516

第二章 被害人

题目：

1. 假设你回到家发现有人用斧子破门而入洗劫了你的房间，

大量财产，包括一些家传的珍贵物品都不见了，你感觉如何？你会有何困惑？此时你需要得到什么样的帮助？

2. 你认识曾经遭受过犯罪侵害的人吗？你自己曾经遭受过侵害吗？当时你有什么反应，什么感觉？

3. 从被害人的角度出发，你觉得在第一章“简述”的案例中会发生什么呢？

4. 在哪些方面犯罪被害人的经历与其他类型的遭遇者（如疾病、自然灾害）相类似？又有何区别？（特别注意“为什么遭受如此伤害”这一节）

5. 你是否同意愤怒是治愈创伤的天然方法，而且应当给予发泄的途径？你个人怎样看待因受到伤害而非常愤怒的人？

6. 夏洛蒂·赫林格（Charlotte Hullinger）列举了四种类型的援助者，其优点和弱点分别是什么？你们属于哪种类型，又将怎样成为“积极援助者”？

7. 有人认为报应是固有的人性，如果不能通过政府行动得到满足，就会寻求私力上的报应。有人认为报应是学回来的。也有人认为此种需求可以从其他途径，如补偿和饶恕中得到更好的满足。你怎么看？

8. 在哪些方面我们倾向于责备被害人？为什么会这样做？

9. 讨论有关治疗创伤的六个问题（参见“为什么遭受如此伤害”）。谁能够并且应该协助？

10. 在司法程序中被害人应当拥有什么样的权利和地位？这种参与对被害人、加害人和系统本身而言分别存在怎样的利弊和风险？

11. 怎样看待家庭暴力或者乱伦？它们和入室盗窃、故意伤害等犯罪行为相比有什么异同？

实施办法：

1. 在题板或卡片上列举有关被害人的一系列语词，如被害人，入室盗窃，法庭，司法，检察官，报复，补偿。然后让大家发表任何由每个语词引起的联想和看法，并写下来，再加以综合地分析。

2. 组织一次角色扮演，设计一个具体案例的相关细节，三人一组，分别扮演被害人、被害人的朋友或援助者（如公务人员）以及观察者。让被害人扮演者进行表演而朋友或援助者的扮演者对之作出反应。

3. 邀请一名被害人或被害人援助工作人员谈谈他（她）的经历（或者看一段来自所列资料室的录像）。

4. 列举一个真实案例的基本细节（如果实在没有现实的资料，可以选用参考书目所列的《Invisible Wounds》中的案例）。讨论对被害人基本需求的看法。谁能够并且应该提供什么样的帮助？作为个人而言你能做什么？教会能做什么？司法系统和社会呢？

5. 邀请司法系统中的人谈谈被害人在法律程序中的角色问题，最好是一个被害人援助的支持者（如来自被害人援助项目，强奸危机预防中心等机构）或者可以是律师、检察官或法官。讨论被害人的权利有哪些，被害人通常的角色是什么，通常被如何对待。你也可以同时请一个犯罪被害人参与讨论。

第三章　加害人

题目：

1. 你认为在书一开始的“简述”一案中对加害人的裁决是什么？如果要求你提出其他方案，你将如何计划？

2. 作者提出自我尊严和个人力量，以及它们和违法行为之间的关系这些概念为了说明什么？你同意吗？（同时参见第四

章）

3. 当前所使用的各种典型的非监禁性判决有哪些（如社会服务、缓刑、治疗、中途之家、罚金）？它们的优点和缺点分别是什么？分别想要达到什么目的？分别追求何种程度的惩罚？

4. 如果探究监狱在司法系统中的适当目的和位置，那它应该是什么？

5. 对于“有责性”这一术语，作者赋予的含义是什么？和你自己所持的概念是否吻合？“有责性”是否应成为司法的核心目标？如果是，又将如何达成？

6. 如果把加害人看成是自己曾受到过侵犯的人，对案件的解决是否会有所帮助？在多大程度上他们的行为源自于家庭虐待或者有限的教育和就业机会？这如何影响他们的责任感？又会如何影响社会的责任感？

实施办法：

1. 和第二章的建议相同，在题板上列举一系列语词，让组员说出它们之间的联系。在穷尽各种想法之后，对他们的回答进行分析。例如，加害人犯罪行为、监狱、法官、惩罚、报复、法庭。

2. 邀请一名法官或者作审前报告的缓刑执行官谈谈判决意见和决定是如何作出的。

3. 邀请一名从事罪犯矫治工作的专家讨论常见的“错误认定”和“无罪辩解策略”的问题，将这些行为合理化与理性化。

4. 观看一段来自附录所列资料项目的录像并进行讨论。

第四章　一些共同的主题

题目：

1. 悔改和宽恕对你而言意味着什么？

2. 宽恕是否可融于法律体系？是否是处理犯罪问题时的适当做法？如果是，怎样发展它？你觉得这样做存在什么样的风险？

3. 作者说“宽恕是一份礼物，它不应成为一种负担”，这是什么意思？这是否符合你对宽恕的理解？

4. 悔改和宽恕在从被害人到幸存者的转变过程中扮演什么样的角色？如果没有宽恕这种愈合恢复能否发生？会如何发生？

5. 作者主张特定的前提条件有助于促成宽恕，指的是哪些前提条件？你同意吗？这和圣经有何关系？

6. 讨论教堂可以使用的有关被害人和加害人的悼念仪式和重新确立秩序的仪式（如宽恕与和解的仪式）的方法。

7. 罪行和惩罚的关系如何？惩罚能不能减轻罪责（逻辑上，感情上，宗教教义上）？该不该成为减轻罪行的一种方式？有哪些其他选择？

8. 合理的惩罚的要求是什么？

9. 有效的惩罚的要求是什么？有什么含义？

10. 作者主张错误的行为总是根植于自我厌恶而不是自恋，你认为呢？如果是这样，这种主张将如何影响治疗和改造的过程？

11. 作为个人、社会和教会，分别应该对揭秘犯罪作出怎样的贡献？

实施办法：

1. 考察来自当地报纸有关犯罪报道的新闻剪报。列举和讨论这些犯罪新闻报道的方式怎样使人们对犯罪、被害人、加害人、司法人员以及司法程序产生恐惧、成见与误解？

2. 邀请一名报道犯罪的记者谈谈这些新闻是怎样收集和报道的。

3. 邀请小组成员谈谈他们对宽恕的理解，或者请其他人（如被害人、加害人）谈谈自己如何理解宽恕？并请他们谈谈经历——无论宽恕是否成功。

第五章 报应性司法

题目：

1. 列举和评价本章中确立的六项假设。你认同它们吗？还有没有要补充的？它们是正确的吗？

2. 你对罪过的理解是什么？圣经上的理解是什么？有没有其他社会研究领域对“罪过”的不同解释（如社会科学、治疗学、法学）？各个不同视角的长处和弱点分别是什么？

3. 在何种程度上法律程序促进或者阻碍了对加害人责任的理解和接受？

4. 我们对罪过和责任的理解是否和作者一样是个人主义的？这点重要吗？有没有其他的可能？

5. 对于“责任”有没有这样一种好的理解方式，即它能同时考虑到个人的责任以及犯罪行为所处的社会、经济和政治环境？这样的理解方式能否整合到我们的法律体系中去？

6. 我们的法律体系有没有鼓励“他们”和“我们”表达自己的内心想法？（并且谁是“他们”，谁是“我们”？）后果怎样？

7. 给“惩罚”下个定义。如果说其潜藏的定义是“痛苦，故意施加的痛苦”是否适当？

8. 绝大多数人相信错误的行为必须得到相应的惩罚，这是真的吗？如果是，这是后天习得的还是先天根植于人的心理的？是圣经上说的吗？有无其他的可能？

9. 惩罚是否满足了被害人？加害人呢？你自己有没有关于

惩罚的经历？

10. 我们试着隐藏惩罚的真相的方式（包括术语选择）有哪些？

11. 以下术语怎样相互联系：惩罚、报应、复仇、报复。

12. 考察一下你们自己和朋友、配偶或者孩子在一起的经历和感受。当你感觉到有地方做得不对时，你所抱的态度基本上是针锋相对的，还是解决问题型的，或者还有其他的做法？

13. 我们对抗式的司法体系是指什么？它有何含义？

14. 考察一下你自己对错误行为的心理预设。你是会用对规则的违反还是结果和危害来定义它？这两种不同看法的结果是什么？

15. 你之前是否认识到国家，而非个人，是受犯罪侵害的法律上的被害人？如果你是（或者曾经是）被害人，你会有何想法？

实施办法：

1. 虚构一个案例，询问各类司法人员（法官、缓刑执行官、律师、检察官）对其判决或效果持何种看法。写出报告并对所有结果进行比较。

2. 让组员对以下一系列陈述作出自己的判断。让表示不同意的人站在房间的最里端，表示同意的人站在另一端，没有决定的人站在中间。每轮陈述之后他们都需要重新抉择，每人陈述之后先暂停一下讨论。

陈述的范例（仅供参考）：

a：死刑应该适用于所有谋杀者。

b：死刑应该只适用于最残忍的谋杀者。

c：婚内虐待应该加以通报并视为犯罪。

d：犯罪的人应该被送进监狱。

第六章 作为范式的司法

题目：

1. 作者所谓的“范式”是什么意思？

2. 哪些范式是我们用来理解这个世界的，不仅包括物理学、心理学的领域，也包括我们的日常生活（如家庭关系、工作场所，等等）？

3. 范式是如何塑造我们认为的相关问题及解决方式的？

4. 是什么让我们区别对待犯罪和其他的错误和侵害？我们是否应该对它们区别看待？如果是，应该将分界线划在哪儿？

5. 在哪些方面民法和刑法有所区别？是什么决定了某个案件是作为民事的案例还是刑事的案件来对待？

6. 我们在日常生活以及整个社会中所使用的“解决侵害和冲突”的非法律含义是什么？请你从自己的经历中举出一些例子。

7. 如果有的话，哪些信号表明我们的司法范式将会开始发生转变（如哪些信号表明机能不良或危机）？

8. 评价现有的刑事司法改革（如被害人援助、强化缓刑、单独狱室、电子监控、社区服务）。他们在何种程度上指明了新的方向？又在何种程度上修补了原有的范式？

实施办法：

假设两个孩子在学校里打了起来，其中一个还打落了另一个的牙齿。这可以被视为需要惩罚的行为，需要解决的冲突，或者是需要补偿的侵害。这个事件也可以被视为可以由学校自行解决的普通事件，也可以看成是一个刑事案件，或者是应交由民事法庭解决的纠纷冲突。所有的这几种应对方法都是可能发生的，而且在现实中屡屡上演。

讨论是什么主导了对该事件的解决方式。它们各自的后果分别是什么？哪个看起来是最好的，为什么？所选择的解决方式如何影响着对这一打架事件的最终理解？

第七章　社区司法：历史上的一种选择

题目：

1. 你所听过或知道的过去的犯罪处理方式是什么？它和作者的描述相比又如何？

2. “私力救济”和“公力救济”的区别是什么？“国家司法”和“社区司法”呢？（也许画出作者建议的国家—社区司法统一体的模型会有所帮助）这两个极端又是如何互相区分的？

3. 你希望自己处于怎样的司法体系之下？你会选择现代的司法范式还是前现代社会的司法体系？为什么？在你所选择的体系中你愿意看到什么样的改变？

4. 作者主张的前现代社会的司法的三个选择是什么？在你所选择的体系中你愿意看到什么样的改变？为什么？

5. 作者提到当犯错时“道德维护”十分重要，是什么意思？如何重要？它在过去是怎样发生的？在今天又如何发生？在改进后的体系中又将如何发生？

6. 从何种角度上，基督神学支撑了对犯罪已有的报应性理解？

7. 如福柯所述，现代惩罚怎样深入到人类的内心，而不仅仅是肉体？

8. 法律革命的积极意义和消极意义分别是什么？

9. 当今的惩罚是以何种方式承担象征性角色的？

第八章 圣约司法：圣经的选择

题目：

1. 作者主张《旧约全书》中的法则和今天所说的法则在意义和功能上都有区别。具体有哪些区别？其含义是什么？

2. 测测你对“平安”观念的基本认识。如果你试着将你的思考建立在“平安”的视角之上是否会有所改变？

3. 从前你如何理解“以眼还眼”的作用和含义？现在你的想法有改变吗？如果有，那是如何变化的？

4. 旧约是怎么理解罪行这一概念的？在何种程度上我们今天还秉承着这些理解？

5. 我们对圣约司法的理解最终建立在我们对上帝的想象之上。一些人认为上帝是博爱的慈父，另一些人则认为上帝首先是严厉的法官。除此之外还有其他可能吗？你对上帝的想象又是什么？

6. “平安”司法和“针锋相对”司法在旧约中的关系如何？如果建立在“平安”概念上，“针锋相对”的概念和互利性会产生怎样的变化？

7. “平安”和“圣约”这对概念怎样使圣经法则与社会其他法则区别开来？也就是说，这对概念怎样转变了法则及其应用？

8. “圣经准则”和你自己的理解是否一致？它和现代司法是否可以相互映照？

如果我们用结果（如效果而非过程）来衡量司法的效力，那会如何？可能有哪些好处和风险？

9. 如果我们把《十诫》和《登山宝训》看做是引导、许诺而非规定和禁令，那么我们对它们的理解会产生什么样的变化？

这样理解它们又是否恰当呢？

10. 如果我们严肃认真地把“平安”看成一个目标和一种观点，我们还能否在刑事司法领域继续忽略其他司法问题？如果不，该注意哪些问题？

11. 现代司法常常被描述成蒙住双眼手持天平的女神。这种描述的含义是什么？从什么方面来讲它是一个有益的描述？从什么方面来讲它是一个有害的描述？

12. 对恢复性司法而言恰当的描述应该是怎样的？

实施办法：

1. 注意圣经上有关复仇的一些例子，再找出有关宽恕与和解的例子。就旧约而言，哪个主题对你来说更加重要？在新约中又有哪些主题比较重要？你怎么理解这两个主题之间的关系？

2. 阅读和讨论《诗篇》第103篇。该篇对司法的观点是什么？它和旧约中其他报应性的主题怎样联系在一起？（建议一并考察《利未记》第二十六章和《申命记》第四章）

3. 阅读《何西阿书》，注意并讨论此中上帝陈情的方式。

4. 列出一个来自报纸的特别案例。考察哪些做法违反了圣经法则，再利用这些或其他圣经法则来讨论就这种情况应该做些什么？

5. 考察有关圣经法则的各种例子，特别注意“因果关系”的范式。这种范式对推进圣经法则的影响是什么？

第九章　VORP：恢复性司法的试验田

题目：

1. VORP处理案件的潜在好处是什么？潜在风险是什么？

2. 如果你是个被害人（或者加害人）并且打算参与VORP，对你而言所能想到的潜在好处是什么？又会有哪些担心？哪些因素会让你决定是否参与?

3. 如果你是参与 VORP 的被害人（或者加害人），你最希望会谈涵盖哪些内容? 最希望会谈产生什么样的结果?

4. VORP 的首要目标应该是什么? 还有哪些是适当的目标? 哪些不是?

5. 如果和解应该是 VORP 的一个目标，它的含义是什么? 怎样衡量?

6. 针对一些棘手的案例（如强奸、谋杀、家庭暴力），VORP 的运作方法应当作出怎样的修改? 该方法是否适用于这些案例? 潜在的好处和风险是什么?

7. 你能想到 VORP 在社会其他领域的运用吗（如除刑事司法之外的其他领域）?

8. 教会是否应该并且能够参与 VORP? 可能性有多大? 其责任是什么? 应该采用何种参与形式? [建议参考手册《VORP 组织：教会的基础》(*VORP Organizing: A Foundation in the Church*)，可向门诺派中心委员会索取，地址参见附录]

实施办法:

1. 进行被害人与加害人和解会谈的角色扮演，把人分成 3 ~ 4 个小组，分别扮演被害人、加害人、调解人，也许还有观察者。[有关角色扮演的建议，参见专为调解训练设计的《角色扮演手册》(*The Role Play Book*)，可向门诺派调解服务部索取，地址参见附录]

2. 观看并讨论关于 VORP 的录像。尝试使用幻灯片“犯罪：对社区共同体的破坏”（Crime: The Broken Community）以及“犯罪：调停纠纷冲突”（Crime: Mediation the Conflict Straight）。（资源目录参见附录“MCC 和 PACT 司法协会”）

3. 如果你所在的社区正好有 VORP 项目，请邀请该项目中的职员、志愿调解员、被害人或者加害人一起进行小组讨论。

第十章 恢复性视角

题目：

1. 报应性视角和恢复性视角间的主要区别是什么？列举并评价这些区别。

2. 对被害人来说一个令人满意的司法经历应该是怎样的？对加害人来说呢？

3. “恢复性司法”是否确实提供了一个全新的视角？或者说主要还是对现存体系的改进？

4. 如果恢复性司法在一个尚未实现社会公正的体系或社会中施行会怎么样？

5. 如何使“恢复性视角”成为一种成熟的范式？

6. 诸如防止再犯、威慑、改造等刑事司法的传统目标是否适应恢复性司法范式？如何适应？

7. 所谓无被害人的犯罪是指什么？这种犯罪行为是否存在？应该怎样对待它们？

8. 单位犯罪是否不同于个人犯罪？应该如何处理？

9. 赫尔曼·比安基曾经批判 VORP 范式孤立地对待每个个人。你认为被害人和加害人的亲友应该在恢复性司法程序中担任什么样的角色？

10. 社区应该扮演什么样的角色？怎样使之具体化？社区应当是什么？

11. 为什么我们使用“犯罪”这个术语？如果我们弱化犯罪和其他类型的侵害与冲突之间的区别会怎样？会有哪些优点和缺点？

12. 犯罪在人际维度的意义有多重要？作者是否过于强调了

被害人和加害人彼此对对方的态度和感觉？是否应该把它看做是司法的核心目标，还是说它仅仅是一个无关紧要的问题？

13. 你怎么看作者关于“被害人的需求是第一位的，但加害人的需求也应该得到相同的考量”这一观点？该论点是否适当？是否现实？

14. 作者主张报应性司法的起点在于罪过和权利，而恢复性司法的起点在于需求和责任。这两种起点的含义分别是什么？

15.“正当程序”所扮演的角色在恢复性司法范式中会不会有所改变？会存在哪些侵犯权利的危险？需要什么样的保护？

16. 一个认真对待被害人和加害人的需求，并给予他们更多参与机会的司法范式会产生各种不同的结果，传统司法结果的唯一性将受到挑战。这意味着什么？你怎么看待这个问题？

17. 讨论术语“申冤”，它在圣经里的含义是什么？（参见《诗篇》第103篇第6节）对你而言它的含义是什么？对被害人而言呢？

18. 对于本书所确认的需求，教会将会在哪些方面对被害人和加害人的恢复有所帮助？

19. 在恢复性司法范式下，“危险的少数人”是指什么？我们应当如何对待他们？如何界定哪些人是“危险的少数人”呢？

20. 越来越多的国家与地区通过允许被害人参与判决程序来提高被害人的参与度。在现有对抗性的、报应性的司法体系之下这样做会产生什么影响？

21. 作者主张当前的刑事司法体系夸大了犯罪对国家的侵害而忽视了犯罪在个人层面上的含义。犯罪对国家的侵害是指什么，在恢复性司法的框架内应该如何看待它？

22. 在恢复性司法范式中“强制”应该扮演什么角色？能否强制被害人参与司法程序？对加害人呢？其中的含义是什么？

23. 当前司法体系提供了很多滥用权力的机会，而恢复性司法范式同样也会存在滥用权力的可能。这种可能性存在于哪些方面？怎样做才能尽量减少这种可能性？

24. 试想将司法看做是一个传递交流信息的体系。当前司法体系所要传递的信息是什么，传递给谁？它实际上传递哪些信息？恢复性司法体系需要发送的信息又是什么，应该怎么做？

25. 在恢复性司法体系中社会的责任是什么？社会所承担责任的指向是谁？

26. “有责性”在报应性司法和恢复性司法中的含义各是什么？这种“有责性”的重要性如何？如何实现？

27. 在恢复性司法程序中有哪些必要的仪式？它们应该出现在何时何地？其中教会能提供何种帮助？

28. 惩罚在恢复性司法中有无合法地位？如有的话，它在何种情况下可以实施？实施惩罚的目的是什么？如何尽量减少惩罚的滥用？

实施办法：

1. 在不考虑实际施行问题的情况下，试着设计一个完全恢复性的犯罪处理方法，这将会是什么样的？

2. 以一个案例为例，设计一个恢复性的程序和结果，记住“危害的四个层面”以及恢复性司法范式的关键因素。做完以后用附录中的“恢复性司法准则”检测一下你的结果，或者设计出你自己的准则。

认真考虑程序设计的出发点问题。哪些需求必须得到满足？谁最适合决定需求有哪些以及如何满足需求？在你的回答中需要考虑哪些主要的价值目标与所涉问题？

观察在这样一个案例处理中通常会发生什么。（如果用的是

真实的案例，考察真实的结果是什么）

第十一章 何去何从

题目：

1. 国家应当在司法程序中扮演什么样的角色？在恢复性司法体系中政府的角色又会有何改变呢？

2. 是否所有的司法范式都包含其固有的文化、种族或者性别偏见？如果是，那么这些偏见是否固存于司法范式之中，能否削弱作为白种人、中产阶级、男性的固有偏见？

3. 从女性主义的视角出发来看待报应性与恢复性的司法范式，情况会怎么样？运用该视角的优势和缺陷各是什么？请认真考虑女性主义所关注的权力、程序和目标这些因素，恢复性司法范式是否需要有相应的改变？

4. 哪些是影响司法范式变迁的政治上、制度上的推动力？范式变迁实际发生的可能性有多大？

5. 教会如何在内部践行恢复性司法？（参见附录：门诺派调解资料集）

6. 如果我们将刑法民法化并像对待普通冲突纠纷一样处理犯罪行为，结果会如何？需要哪些特别规程和防护措施（如果需要的话）？

7. 在阅读了这本书以后，你对犯罪与其他冲突纠纷之间关系的看法是否有所改变？

实施办法：

1. 从作者对现代社会早期的司法体系和日本司法体系的讨论开始，构想并研讨“双轨制”司法体系在当前社会条件下会怎样；两种不同的纠纷解决途径各有何特征，如何决定在何种情况下适用何种途径。

2. 列举和讨论一些“阶段性的策略”。哪些目标和计划可以现在执行？在不太理想的环境之下，哪些策略仍然可以帮助我们坚持恢复性司法的前进方向？

参考文献

Auerbach, Jerold S.

1983 *Justice Without Law*? New York: Oxford University Press.

Babcock, William G., ed.

1987 "The Future of Corrections." *The Prison Journal*. Vol. LXVII, No. 2.

Bard, Morton and Sangrey, Dawn

1986 *The Crime Victim's Book*. New York: Brunner – Mazel. 2d edition.

Berman, Harold J.

1975 "The Religious Foundations of Western Law," in *The Catholic University of America Law Review*, Vol. 24, No. 3: 490 – 508.

1983 *Law and Revolution: The Formation of the Western Legal Tradition*. Cambridge, Mass.: Harvard University Press.

Bianchi, Herman

1984 *A Biblical Vision of Justice*. Issue No. 2 of *New Perspectives on Crime and Justice: Occasional Papers*. Akron, Pa.: Mennonite Central Committee

Bianchi, Herman and Swaaningen, Rene van, eds.

1986 *Abolitionism: Towards a Non – repressive Approach to Crime*. Amsterdam: Free University Press.

Blad, John R., Hans van Mastrigt, and Niclo A. Uildriks, eds.

1987 *The Criminal Justice System as a Social Problem: An Aboli-*

tionist Perspective. Rotterdam, Netherlands: Erasmus University.

Boecker, Hans J ochen
1980 *Law and the Administration of Justice in the Old Testament and Ancient East.* Minneapolis: Augsburg Publishing House.

Christie, Nils
1981 *Limits to Pain.* Oslo, Norway: Universitetsforlaget. Distributed in the U. S. by Columbia University Press.
1984 *Crime, Pain and Death.* Issue No. 1 of *New Perspectives on Crime and Justice: Occasional Papers.* Akron, Pa.: Mennonite Central Committee.

Cohen, Stanley, ed.
1986 *Contemporary Crises: Law, Crime and Social Policy.* Vol. 10, No. 1. Dordrecht/Boston/Lancaster: Martinus Nifhoff Publishers. Available from Kluwer Academic Publishers Group, Distribution Center, P. O. Box 322, 3300 AH Dordrecht, Netherlands.

Cohen, Stanley
1985 *Visions of Social Control.* New York: Basil Blackwell.
Cohen, Stanley and Andrew Scull, eds.
1983 *Social Control and the State.* New York: St. Martin's Press.

Cullen, Francis T. and Karen E. Gilbert
1982 *Reaffirming Rehabilitation.* Cincinnati: Anderson Publishing Co.

Currie, Elliott
1985 *Confronting Crime: An American Dilemma.* New York: Pantheon Books.

Feeley, Malcolm M.
1979 *The Process Is the Punishment: Handling Cases in a Lower Criminal Court.* New York: Russell Sage Foundation.
1983 *Court Reform on Trial: Why Simple Solution Fail.* New: York: Basic Books.

Fortune, Marie Marshall
1983 *Sexual Violence: The Unmentionable.* New York: Pilgrim Press.

Galaway, Burt
1988 "Restitution as Innovation or

Unfulfilled Promise?" Federal Probation, Vol. XII, No. 3: 3 – 14.

Galaway, Burt and Hudson, Joe, eds.

1981 *Perspectives on Crime Victims.* St. Louis, Mo.: C. V. Mosby Company.

Gatrell, V. A. C., Lenman, B., and Parker, G., eds.

1980 *Crime and the Law: A Social History of Crime in Western Europe Since* 1500. London: Europa Publications.

Gaylin, Willard, Ira Glasser, Steven Marcus, and David J. Rothman

1981 *Doing Good: The Limits of Benevolence.* New York: Pantheon Books.

Griffiths, John

1970 "Ideology in Criminal Procedure or a Third 'Model' of the Criminal Process." *The Yale Law Journal*, Vol. 79, No. 3, 359 – 415.

Harris, T. Kay

1983 "Strategies, Values, and the Emerging Generation of Alternatives to Incarceration." *New York University Review Law and Social Change*, Vol. XII, No. i, 141 – 170.

1987 "Moving into the Millennium: Toward a Feminist Vision of Justice." *The Prison Journal.* Vol. LXVII, No. 2: 27 – 38.

1987 "Observations of a 'Friend of the Court' on the Future of Probation and Parole." *Federal Probation*, Dec.: 12 – 21.

Ignatieff, Michael

1978 *A Just Measure of Pain: The Penitentiary in the Industrial Revolution*, 1750 – 1850. New York: Pantheon Press.

1982 "State, Civil Society, and Total Institutions: A Critique of Recent Social Histories of Punishment," in *Crime and Justice: An Annual Review of Research*, Vol. 3. Michael Tonry and Norval Morris, eds. U. of Chicago, pp. 153 – 192.

Kerans, Patrick

1982 *Punishment vs. Reconciliation: Retributive Justice and Social Justice in the Light of Social Ethics.* Kingston, Ont.: Queen's Theological College.

Kuperstock, Kit
1985 *Worried About Crime? Constructive Approaches to Violence.* Scottdale, Pa.: Herald Press.
Lampen, John
1987 *Mending Hurts.* London, England: Quaker Home Service.
Langbein, John H.
1974 *Prosecuting Crime in the Renaissance, England, Germany and France.* Cambridge Mass.: Harvard University Press.
Leshan, Lawrence and Margenau, Henry
1982 *Space and Van Gogh's Sky: Physical Reality and Beyond.* New York: Collier Books.
Lind, Millard
1986 *The Transformation of Justice: From Moses to Jesus.* Issue No. 5 of *New Perspective on Crime and Justice: Occasional Papers.* Akron, Pa.: Mennonite Central Committee.
Lord, Janice Harris
1988 *No Time for Goodbyes: Coping with Sorrow, Anger and Injustice After a Tragic Death.* Ventura Calif.: Pathfinder Publishing.
Mackey, Virginia
1981 *Punishment in the Scriptures and Traditional Judaism: Christianity and Islam*, a published paper presented to the National Religious Leaders Consultation on Criminal Justice; Convened by the National Council on Crime and delinquency in Claremont, Calif.
MacCullum - Paterson, Morton
1988 *Towards a Justice That Heals.* Toronto, Canada: The United Church Publishing House.
Magee, Doug
1983 *What Murder Leaves Behind: The Victim's Family.* New York: Dodd, Mead and Company.
Marshall, Tony F.
1985 *Alternatives to Criminal Courts: The Potential for Non - judicial Dispute Settlement.* Brookfield, Vt.: Gower Publishing Co.
Matthews, Roger, ed.
1988 *Informal Justice?* London: Sage Publications.

McHugh, Gerald Austin

1978 *Christian Faith and Criminal Justice: Toward a Christian Response to Crime and Punishment.* New York: Paulist Press.

Neiderbach, Shelley

1986 *Invisible Wounds: Crime Victims Speak.* New York: The Hayworth Press.

Neufeld, Tom Yoder

1982 *Guilt and Humanness: The Significance of Guilt for the Humanization of the Judicial – correctional System.* Kingston, Ont.: Queen's Theological College.

Patrick, Dale

1985 *Old Testament Law.* Atlanta: John Knox Press.

Pendleton, John

1987 *More Justice, Less Law.* Issue No. 6 of *New Perspectives on Crime and Justice: Occasional Papers.* Akron, Pa.: Mennonite Central Committee.

Pepinsky, Harold E.

1976 *Crime and Conflict: A Study of Law and Society.* New York: Academic Press.

Reiman, Jeffrey H.

1979 *The Rich Get Richer and the Poor Get Prison: Ideology, Class and Criminal Justice.* New York: John Wiley and Sons.

Rothman, David J.

1971 *The Discovery of Asylum: Social Order and Disorder in the New Republic.* Boston: Little, Brown and Co.

1980 *Conscience and Convenience: The Asylum and Its Alternatives in Progressive America.* Boston: Little, Brown and Co.

Schafer, Stephen

1968 *The Victim and His Criminal.* New York: Random House.

Scheingold, Stuart A.

1984 *The Politics of Law and Order: Street Crime and Public Policy.* New York: Longman.

Smedes, Lewis B.

1984 *Forgive and Forget: Healing the Hurts We Don't Deserve.* New York: Pocket Books.

Spierenburg, Pieter

1984 *The Spectacle of Suffering: Executions and the Evolution of Repression.* Cambridge, England:

Cambridge University Press.

Stein, Vivien

1987 *Bricks of Shame: Britains Prisons.* New York: Viking Penguin.

Stephens, Gene

1986 "Paticipatory Justice: The Politics of the Future." *Justice Quarterly.* Vol. 3, No. 1: 67 – 82.

Sullivan, D.

1980 *The Mask of Love: Corrections in America – Toward a Mutual Aid Alternative.* Port Washington, N. Y.: Kennikatk Press.

Swartley, Willard M, ed.

1982 *The Bible and Law.* Occasional Papers No. 3 of the Council of Mennonite Seminaries. Elkhart, Ind.: Institute of Mennonite Studies.

Umbreit, Mark

1985 *Crime and Reconciliation: Creative Options for Victims and Offenders.* Nashville: Abingdon Press.

Van Ness, Dan

1986 *Crime and Its Victims.* Downers Grove, Ill.: Intervarsity Press.

Van Ness, Dan, Zehr, Howard and Harris, T. Kay

1989 *Justice: the Restorative Vision.* Issue No. 7 of *New Perspectives on Crime and Justice: Occasional Papers.* Akron, Pa.: Mennonite Central Committee.

Weisser, Michael R.

1979 *Crime and Punishment in Early Modern Europe.* Atlantic Highlands, N. J.: Humanities Press.

Wright, Martin

1982 *Making Good: Prisons, Punishment and Beyond.* London: Burnett Books Ltd.

1988 "From Retribution to Restoration: A New Model for Criminal Justice." *New Life: The Prison Service Chaplaincy Review.* Vol. 5: 42 – 49.

Wright, Martin and Galaway, Burt, eds.

1989 *Mediation and Criminal Justice: Victims, Offenders and Community.* London: Sage Publications.

Yoder, Perry, B.

1987 *Shalom: The Bible's Word for Salvation, Justice and Peace.* Newton, Kans.: Faith and Life Press.

Zehr, Howard

1985 *Retributive Justice, Restorative Justice*. Issue No. 4 of *New Perspectives on Crime and Justice: Occasional Papers*. Akron, Pa.: Mennonite Central Committee.

Zehr, Howard and Sears, Earl

1982 *Mediating the Victim – Offender Conflict*. Akron, Pa.: Mennonite Central Committee.

其余资料来源

Office of Criminal Justice
Mennonite Central Committee U. S. 107 W. Lexington Ave.
Elkhart, IN 46516
U. S. A.
Resources on VORP and other issues. List and newsletter available.

Victim Offender Ministries Program Mennonite Central Committee Canada
50 Kent Ave.
Kitchener, ON N2G 3R1
Canada
Resources on VORP and other issues. List and newsletter available.

U. S. Association for Victim – Offender Mediation
PACT Institute of Justice
254 South Morgan Blvd.
Valparaiso, IN 46383
U. S. A.
Resources on VORP. List and newsletter available.

Mennonite Conciliation Service
Mennonite Central Committee
Box M
Akron, PA 17501
U. S. A.
Resources and training on mediation. Newsletter available.

Forum for Initiatives in Reparation and Mediation (FIRM)
19 London End
Beaconsfield
Bucks HP9 2HN
England
Resources on mediation and reparation. Newsletter available.

Presbyterian Criminal Justice Program
100 Witherspoon St.
Louisville, KY 40202
U. S. A.
Resources on criminal justice issues.

U. S. A.
Programmatic and legislative services.
Newsletter available.

Justice Fellowship
P. O. Box 17181
Washington, DC 20041 - 0181

基督教平安系列书目

基督教平安系列丛书是立足于推广并施行基督教派平安理念的一套精选书目。书目的编辑（由门诺派中心委员会指派）和门诺派内部委员会向丛书的支持者展示了平安的重要价值。

精读材料

Aukerman, Dale. *Darkening Valley* (1989). An analysis of nuclear war from a biblical perspective calling for all - out resistance to the idolatry of militarism.

Durland, William R. *No King but Caesar?* (1975). A Catholic lawyer looks at Christian violence.

Enz, Jacob J. *The Christian and Warfare* (1972). The roots of pacifism in the Old Testament.

Friesen, Duane K *Christian Peacemaking and International Conflict* (1986). Realistic pacifism in the context of international conflict.

Hershberger, Guy F. *War, Peace, and Nonresistance* (third edition, 1969). A classic comprehensive work on nonresistance in faith and history.

Hornus, Jean - Michel. *It Is Not Lawful for Me to Fight* (1980). Early Christian attitudes toward war, violence, and the state.

Kaufman, Donald D. *What Belongs to Caesar?* (1969). Basic arguments against voluntary payment of war taxes.

Keirn, AI, and Grant Stoltzfus. *Politics*

of Conscience (1988). Traces the efforts of the historic peace churches to gain alternative service for conscientious objectors, 1917 – 1955.

Lassere, Jean. *War and the Gospel* (1962). An analysis of Scriptures related to the ethical problem of war.

Lind, Millard C. *Yahweh Is a Warrior* (1980). The theology of warfare in ancient Israel.

Ramseyer, Robert L. *Mission and the Peace Witness* (1979). Implications of the biblical peace testimony for the evangelizing mission of the church.

Trocmé, André. *Jesus and the Nonviolent Revolution* (1975). The social and political implications of the year of Jubilee in the teachings of Jesus.

Yoder, John H. *The Original Revolution* (1972). Essays on Christian pacifism

______. *Nevertheless* (1971). The varieties and shortcomings of religious pacifism.

Zehr, Howard J. *Changing Lenses* (1990). Experiential, historical, and biblical paradigms for understanding crime and justice.

泛读材料

Beachey, Duane. *Faith in a Nuclear Age* (1983). A Christian response to war.

Drescher, John M. *Why I Am a Conscientious Objector* (1982). A personal summary of basic issues for every Christian facing military involvements.

Eller, Vernard. *War and Peace from Genesis to Revelation* (1981). Explores peace as a consistent theme developing throughout the Old and New Testaments.

Kaufman, Donald D. *The Tax Dilemma: Praying for Peace, Paying for War* (1978). Biblical, historical, and practical considerations on the war tax issue.

Kraybill, Donald B. *Facing Nuclear War* (1982). Relates Christian faith to the chief moral issue of our time.

______. *The Upside – Down Kingdom* (1990). A fresh study of the synoptic Gospels on affluence, warmaking, status – seeking, and religious exclusivism.

McSorley, Richard. *New Testament Basis of Peacemaking* (1985). A Jesuit makes the case for biblical pacifism.

Miller, John W. *The Christian Way* (1969). A guide to the Christian life based on the Sermon on the Mount.

Sider, Ronald J. *Christ and Violence* (1979). A sweeping reappraisal of the church's teaching on violence.

Steiner, Susan Clemmer. *Joining the Army That Sheds No Blood* (1982). The case for biblical pacifism written for teens.

Stoner, John K and Lois Barrett. *Letters to American Christians* (1989). Pithy essays about who Jesus really is and what his salvation has to do with the nuclear arms race.

Wenger, J. C. *The Way of Peace* (1977). A brief treatment on Christ's teachings and the way of peace through the centuries.

Yoder, John H. *He Came Preaching Peace* (1985). Bible lectures addressed to persons already involved in the Christian peace movement.

______. *What Would You Do?* (1983). A serious answer to a standard question.

儿童读物

Bauman, Elizabeth Hershberger. *Coals of Fire* (1954). Stories of people who returned good for evil.

Eitzen, Ruth. *The White Feather* (1987). Based on the experience of a Quaker family who treated the Indians as friends and equals.

Lenski, Lois, and Clyde Robert Bulla. *Sing for Peace* (1985). Simple hymns on the theme of living with others.

Minshull, Evelyn. *The Cornhusk Doll* (1987). Tells how the gift of a cornhusk doll in a pioneer setting brought peace and friendship where there had been hatred and mistrust.

Moore, Joy Hofacker. *Ted Studebaker*: A Man Who Loved Peace (1987). A picture storybook of a conscientious objector who was killed in Vietnam while serving as a volunteer agriculturist.

Smucker, Barbara Claassen. *Henry's Red Sea* (1955). The dramatic escape of 1,000 Russian Mennonites from Berlin following World War II.

后　记

我在此所写的内容或许听上去是如此的异想天开和不切实际。不过，奴隶制的废除曾经也是这样。实际上，很多我们今天以为是常识的观念曾经也被认为是乌托邦式的幻想。视角的确在变。

当然，我也必须承认，就我个人而言，在我自己的生活中，我有时的确感到它有些不切实际。面对自己的愤怒、自己责备的倾向、自己对对话的不情不愿，还有自己对冲突的厌恶，我时常惮于撰写这本著作。

可是我仍然相信理想事物。在很长一段时间里我们都缺乏它们，但它们依旧是一座灯塔，一座用以指明方向的灯塔，一座用以检验行动的灯塔。只有拥有方向感，我们才能知道何时偏离了道路。

经历恢复并非自上而下的，而是自下而上的，是从我们自己的家里和社区里开始的。我始终相信上帝的子民们会被引领到这一方向之上。毫无疑问地，我们会常常失败，正像圣经所说的那样。但也同样毫无疑问地，上帝将宽恕和恢复我们。

我已经承认了恢复性司法在一定程度上是一种理想，但这带来了另一种忧虑。我担心正因为这种承认，读者将不再认真对待这一视角。我回想起哥白尼著作的序言，并非意指我自己的著作与之处于同一级别，而是因为我们可以从中获得一些教训。

哥白尼的著作彻底变革了我们思考宇宙本身的方式。在被称为科学革命的范式变迁中，它是关键的因素。然而，在一个世纪过去之后，人们才开始认真地对待它。

人们一开始并没有认真对待哥白尼的著作，部分是因为它和那个时代的常理相背离。然而，它的序言也可能助长了对它的忽视。实际上，在该序言中，作者奥兰达（Oreander）说道："看那，读者，多么有趣的一本书。它值得一读，但要记住，这仅仅是一种想法、一种模式、一种视角。它并不非得是客观事实。"这一评价也许可以使这本激进的著作变得较合其反对者们的胃口，但是，它提出哥白尼的范式仅仅是一个虚构的模型，却使得读者忽视了它。我担心我可能也做了同样的事情。

我的希望是你们能将其理解为一种视角。较之幻明幻灭的海市蜃楼，它更像是云蒸雾罩的山巅；而通往山巅的路途，必定曲折而又漫长。

北京市版权局著作权合同登记号：图字：01－2011－4417

图书在版编目（CIP）数据

视角之变：一种犯罪与司法的新焦点/（美）泽尔（Zehr，H.）著；狄小华，张薇译．—北京：中国人民公安大学出版社，2011.6

（恢复性司法译丛/王平，李志刚主编）

书名原文：Changing Lenses：A New Focus for Crime and Justice

ISBN 978－7－5653－0478－1

Ⅰ.①视… Ⅱ.①泽… ②狄… ③张… Ⅲ.①刑法—文集

Ⅳ.①D914.04－53

中国版本图书馆 CIP 数据核字（2011）第 124875 号

视角之变：一种犯罪与司法的新焦点

［美］霍华德·泽尔（Howard Zehr） 著

出版发行：中国人民公安大学出版社

地　　址：北京市西城区木樨地南里

邮政编码：100038

经　　销：新华书店

印　　刷：北京泰锐印刷有限责任公司

版　　次：2011 年 6 月第 1 版

印　　次：2011 年 6 月第 1 次

印　　张：8.625

开　　本：880 毫米×1230 毫米　1/32

字　　数：209 千字

书　　号：ISBN 978－7－5653－0478－1

定　　价：27.00 元

网　　址：www.cppsup.com.cn　www.porclub.com.cn

电子邮箱：zbs@cppsup.com　zbs@cppsu.edu.cn

营销中心电话：010－83903254

读者服务部电话（门市）：010－83903257

警官读者俱乐部电话（网购、邮购）：010－83903253

法律图书分社电话：010－83905745